MARCO POLO

ROTES MEER SINAI

> Hier braucht man nur wenige Kilometer zu fahren, um ständig wechselnde Landschaften zu erleben, zum Beispiel traumhaft idyllische Strände und Buchten oder wundervolle Berglandschaften.
> *MARCO POLO Autor*
> *Jürgen Stryjak*
> (siehe S. 123)

Spezielle News, Lesermeinungen und Angebote zum Roten Meer und Sinai:
www.marcopolo.de/rotesmeer-sinai

ROTES MEER – SINAI

Monastery of St.Catherine

Gulf of Suez

2285
Gebel Mûsa

Râs
Ghârib

44

Sharm
el-She

Hurghada

Gulf of

S i n a i

> SYMBOLE

**MARCO POLO
INSIDER-TIPPS**
Von unserem Autor
für Sie entdeckt

**MARCO POLO
HIGHLIGHTS**
Alles, was Sie am Roten
Meer und auf dem Sinai
kennen sollten

☼ **SCHÖNE AUSSICHT**

📶 **WLAN-HOTSPOT**

▶▶ **HIER TRIFFT SICH
DIE SZENE**

> PREISKATEGORIEN

HOTELS
€€€   über 80 Euro
€€   20–80 Euro
€   unter 20 Euro
Preise für ein Doppelzimmer
inklusive Frühstück. Hotels der
Oberklasse sind pauschal
gebucht erheblich preiswerter

RESTAURANTS
€€€   über 10 Euro
€€   3–10 Euro
€   unter 3 Euro
Die Preise gelten für ein Essen
mit Vorspeise, Hauptgericht
und Nachtisch ohne Getränke

> KARTEN

[113 A1] Seitenzahlen und
Koordinaten für
den Reiseatlas
Rotes Meer – Sinai
[0]   außerhalb des
Kartenausschnitts

Karten zu Dahab, Hurghada
und Sharm El-Sheikh finden
Sie im hinteren Umschlag

Zu Ihrer Orientierung sind
auch die Orte mit Koordinaten versehen, die nicht im
Reiseatlas eingetragen sind

INHALT

> SZENE

S. 12–15: Trends, Entdeckungen, Hotspots! Was wann wo am Roten Meer und im Sinai los ist, verrät der MARCO POLO Szeneautor vor Ort

> 24 STUNDEN

S. 92/93: Action pur und einmalige Erlebnisse in 24 Stunden! MARCO POLO hat für Sie einen außergewöhnlichen Tag in Hurghada und El-Gouna zusammengestellt

> LOW BUDGET

Viel erleben für wenig Geld! Wo Sie zu kleinen Preisen etwas Besonderes genießen und tolle Schnäppchen machen können:

Komfortabel wohnen für wenig Geld S. 35 | Nach Kairo mit dem Bus S. 55 | Kostenlos über den Suezkanal S. 62 | Happyhour und mehr in Hurghada S. 70 | Günstige Sammeltaxis S. 84

> GUT ZU WISSEN

Was war wann? S. 10 | Spezialitäten S. 26 | Blogs & Podcasts S. 40 | Naturwunder in Gefahr S. 45 | Bücher & Filme S. 52 | Wunderwelt unter Wasser S. 76 | Beduinen und Ägypter S. 79 | Wie vor 1000 Jahren S. 87 | Arabisch S. 108

AUF DEM TITEL
Forest of Pillars: ein Wald aus erstarrten Lavasäulen S. 57
Die schönste Bucht des Sinai S. 47

ENTDECKEN SIE DAS ROTE MEER!

Unsere Top 15 führen Sie an die traumhaftesten Orte und
zu den spannendsten Sehenswürdigkeiten

Die Highlights sind in der Karte auf dem hinteren Umschlag eingetragen

 Dahab
Die einst legendäre Hippieoase
ist heute eine Mischung aus
Ägypten und Amsterdam
(Seite 31)

 Ras Abu Ghalum
Keiner der Naturparks auf dem Sinai
bietet einen größeren Artenreichtum
(Seite 35)

 Coloured Canyon
Ausgewaschene Felsen leuchten
in Rot-, Gelb- und Brauntönen
(Seite 38)

 Nabq-Nationalpark
Der größte Naturpark Ägyptens
besitzt die nördlichsten Mangrovenhaine weltweit (Seite 44)

 Ras Mohammed
Malerische Buchten, Mangrovenhaine
und fossile Korallenfelsen im Nationalpark (Seite 44)

 **The Fjord
(Marsa Murakh)**
Ein Meerbusen wie aus dem Bilderbuch
mit Sandstränden und azurblauem
Wasser (Seite 47)

 Katharinenkloster
Weltkulturerbe, Pilgerstätte und
Wohnort griechisch-orthodoxer Mönche
im Herzen des Sinai (Seite 50)

 Gebel Musa
Biblischer Schauplatz, an dem Moses in
2285 m Höhe die Zehn Gebote empfangen haben soll (Seite 55)

> DIE BESTEN
MARCO POLO
HIGHLIGHTS

 Gebel Fuga
Lavasäulen bilden den *Forest of Pillars* am Fuß des Bergs
(Seite 56)

 Suezkanal
In Kriegen umkämpft, in Friedenszeiten Devisenbringer – der Suezkanal ist die Lebensader der Weltschifffahrt
(Seite 61)

 Antonius- und Pauluskloster
Das Antoniuskloster ist eine der Geburtsstätten des christlichen Mönchswesens; über der Höhle des heiligen Paulus, eines christlichen Eremiten, wurde bereits vor mehr als 1600 Jahren mit dem Klosterbau begonnen
(Seite 62)

 El-Gouna
Das elegante Ferienparadies wurde von internationalen und ägyptischen Architekten entworfen
(Seite 66)

 Hurghada
Im arabischen Mallorca herrscht Ferienspaß das ganze Jahr über
(Seite 72)

 Luxor
Weltberühmte Tempel und Gräber
(Seite 90)

 Korallenriffe
Einige der schönsten Korallenbänke der Welt befinden sich zwei bis vier Bootsstunden vor der Küste Marsa Alams
(Seite 97)

4 | 5

WAS FÜR EINE REGION!

Golf von Aqaba, Dahab

AUFTAKT

> Zwischen Pool und Party, Wasser und Wüste bleibt kaum ein Ferien-
wunsch unerfüllt. Taucher erwartet eine der eindrucksvollsten Korallen-
landschaften weltweit, in einem Meer, das so klar ist, dass einem
schwindlig wird, wenn man vom Boot aus auf den Meeresgrund schaut.
Das Hinterland mit seinen Bergen und Dünen bietet eine außergewöhnliche Artenvielfalt an Sträuchern, Moosen und Tieren. Felsen und Sand
verschmelzen zu einem faszinierenden Farbenensemble. Tagsüber tauchen, surfen, Golf spielen, nachts feiern und chillen – die Riviera Ägyptens ist ein Paradies für Vergnügungssüchtige und Naturbesessene.

> Noch vor 20 Jahren waren die Küsten am Roten Meer ein nahezu menschenleerer, kaum beachteter Landstrich. Außer einigen Zehntausend Beduinen und jenen paar Tausend Ägyptern, die in Ölbetrieben und Provinzhäfen arbeiteten, interessierte sich niemand für das Gebiet. Innerhalb kürzester Zeit jedoch hat sich hier ein ganzjähriger Ferienzirkus an fast allen Ufern ausgebreitet.

Hier herrscht praktisch Sommer das ganze Jahr über, denn die Winter sind mild und sonnig. An den Stränden wird gebadet, geschnorchelt oder in der Sonne gelegen, Beach- und Poolbars bieten Drinks an. Nirgends sonst in Ägypten ist das Freizeitprogramm so reichhaltig: Surfen, Tauchen, Kitesurfen, Paragliding, Golfspielen – um nur einige Beispiele zu nennen. Nach Einbruch der Dunkelheit wird gefeiert, in Bars und Diskotheken, auf Strandpartys und in Technoclubs.

Viele Jahre lang waren die Badeorte an den ägyptischen Rotmeerküsten vorwiegend eine Domäne westlicher Touristen. Seit den Einbrüchen im Reisegeschäft infolge der Anschläge vom 11. September und wegen des Irakkriegs bewerben die Hotels jedoch zunehmend auch die Kundschaft im eigenen Land. So kann man immer öfter ägyptische Sommerfrischler aus der Kairener Ober- und Mittelschicht beobachten, die, ihrer Auffassung von Anstand entsprechend, mit Hose und Hemd oder

> **Küste mit wunderschönem Hinterland**

hoch geschlossenem Kleid und Kopftuch im Wasser stehen – und baden. Vor ihnen am Strand liegen Westlerinnen oben ohne eingeölt in der Sonne. Das Treiben an ihren Küsten erfüllt die Ägypter mit Verwunderung – und kommt doch auch einem Kulturschock gleich. Sie sind stolz auf ihre modernen Urlaubszen-

Variationen in Gelb, Rot und Braun: Sandsteinschichten im Coloured Canyon

tren, die überall im Westen bekannt sind, und sie wissen, dass praktisch alles hier – von den Bademoden bis hin zu nächtlichen Trinkgelagen, Partys und lasziven Fashionshows in den Fünfsternehotels – ihren Vorstellungen von Anstand und ihren Traditionen widerspricht. Beduinen und Bikini – das sind die Endpunkte einer langen Skala, auf der heutzutage alles möglich ist an Ägyptens Rotmeerküste.

Besonders beliebt ist die Ostküste der Sinai-Halbinsel zwischen Sharm El-Sheikh am Südende des Golfs von Aqaba über Dahab und Nuweiba bis hoch nach Taba am nördlichen Ende des Golfs. Keiner von Ägyptens Küstenstreifen ist vielseitiger. Urlaub in der teuren Clubanlage oder billige Ferien im Bambushüttencamp, Technopartys in der Wüste, veranstaltet von Ägyptens renommiertester Diskothek, oder mehrtägige Ausflüge im kleinsten Kreis mit Beduinen – kaum

ein Ferienwunsch bleibt hier unerfüllt.

Der populärste, aber bei weitem nicht der schönste ägyptische Badeort ist Hurghada an der Festlandküste, die etwas verkorkste Schwester des feineren Sharm El-Sheikh. Nirgendwo sonst in Ägypten kann man einen billigeren Pauschalurlaub am Strand verbringen. Dennoch: Selbst hier ist nicht alles Masse statt Klasse. Zahllose pompöse, kitschige Ferientempel von der Stange eignen sich für die Schnäppchenferien an Pool und Meer bei Schlagermusik. In feineren

> **Kaum ein Ferienwunsch bleibt hier unerfüllt**

Luxusresorts hingegen kommen Kellner in schwarzweißer Livree am Strand entlang und verteilen Zuckermelonenstückchen vom Tablett an die Sonnenbadenden.

Nördlich von Hurghada entstand in den letzten Jahren mit El-Gouna eine zwar rundum künstliche, aber edle Ferienoase, von Lagunen durchzogen, die Hotels und Villen von Toparchitekten entworfen. Der Urlaub hier wird im Komplettpaket gebucht – inklusive preiswerter Schönheitsoperationen in der resorteigenen Klinik oder eines raffinierten Dinearound-Programms, bei dem die Hotelgäste für das im Übernachtungspreis enthaltene Abenddinner zwischen den Restaurants aller Hotels wählen können. Mehrere Tausend Europäer haben bereits eine private Immobilie in El-Gouna erworben.

WAS WAR WANN?

Abseits vom Trubel in Hurghada haben an Buchten wie Makadi Bay oder Soma Bay internationale Luxushotelketten weitläufige Resorts in bester Lage errichtet.

Der Ort Safaga ist eine kleine Industriestadt mit dem größten Hafen an diesem Küstenstreifen, aber er bietet praktisch keine Sehenswürdigkeiten. Allerdings sollen hier Leute, die unter Schuppenflechte leiden, angeblich schnell Linderung erfahren. Nun möchte man eine Art Kurtourismus entwickeln, in sicherer Entfernung vom Lärm und vom Trubel der großen Badeorte. Nach einer Autostunde gelangen Sie südlich von Safaga nach Quseir, einem aufgeräumten kleinen Fischerstädtchen. Eine Handvoll Hotels hier und in der Umgebung stehen für beschauliche Ferien. Mit der Ruhe könnte es in den nächsten Jahren jedoch vorbei sein, wenn es den Investoren gelingt, das angedrohte halbe Hundert Clubanlagen am Strand Richtung Sudan tatsächlich zu bauen. Der gesamte Küstenstreifen ist bereits verplant – unter dem Schlagwort „Riviera Ägyptens".

Überall an der ägyptischen Rotmeerküste waren vor zwei Jahrzehnten die Sporttaucher die Ersten, die die unberührten Ufer mit den einzigartigen Korallenriffen für sich entdeckten. Das gesamte Jahr über sinkt die Wassertemperatur nicht unter 20 Grad, ideale Voraussetzung für einen farbenprächtigen Artenreichtum. Das Wasser ist so klar, dass manchem schwindlig wird, wenn er vom Boot 10, 20 m bis auf den Meeresboden guckt. Wahre Tauchenthusiasten fahren inzwischen mit Yachten zu entlegeneren Riffen oder Schiffswracks. Für die Gelegenheitstaucher unter den Pauschaltouristen werden Schnupperkurse direkt in den Badeorten angeboten. Zwar kann man überall in den Ferienorten Touren mit dem Bus oder dem Flugzeug nach Luxor und Kairo buchen, aber viele

schaftsschutzgebiete besitzen eine außergewöhnliche Artenvielfalt. Sträucher, Moose, Felsen und Sand verschmelzen hier zu beeindruckenden Farbenensembles.

Ein besonderer Höhepunkt ist die mehrtägige Safari im Jeep oder auf dem Kamel, Übernachtung im Freien

Das Herzstück von Sharm El-Sheikh ist die Naama Bay

verspüren kaum den Wunsch dazu. Das Hinterland der Küsten bietet er-

> *Taucher finden am Roten Meer ideale Bedingungen*

staunliche Naturerlebnisse, besonders in der Bergwüste des Sinai mit ihren Sanddünen, Oasen und schroffen Tälern. Die weiträumigen Land-

inbegriffen. Die Touristen sitzen dann abends oft wortlos am Lagerfeuer, weil sie die Stille beeindruckt. Mit etwas Glück erzählen ihnen die Beduinen dann den wirklichen Grund dafür, warum der Nachthimmel hier so sternenreich ist: weil Gott seine Engel mit Speeren Löcher ins schwarze Himmelszelt stoßen ließ, um etwas vom goldenen Glanz zu zeigen, der sich dahinter befindet.

▶▶ WAS IST ANGESAGT?

Trends, Entdeckungen und Hotspots. Unser Szene-Scout zeigt Ihnen, was am Roten Meer und im Sinai los ist

Reem Samir Nada

Die Journalistin im ARD-Studio in Kairo kennt sich am Roten Meer gut aus. Dort wirft sie sich am liebsten in die Fluten und feiert danach in den angesagten Clubs. Immer am Puls der Zeit, weiß sie, was gerade in ist. Warum sie die Region so schätzt? Wegen ihrer kargen Schönheit, den heißen Sonnentagen und extrem coolen Nächten.

▶▶ COFFEEBARS

In-Getränk Kaffee

Die Kaffeewelle schwappt ans Rote Meer! Dutzende Cappucchino-, Espresso- und Kaffeespezialitäten werden in modernen Coffeebars serviert. Das Ambiente ist trendy, WLAN-Zugang inklusive. Den besten Kaffee brühen die Baristas der *Cilantro Cafés (z. B. Naama Bay, am Hotel Sanafir, Sharm El-Sheikh).* Weitere Hotspots: *Costa Coffee (Il Mercato Mall, Hadaba, Sharm El-Sheikh)* und *L'Aroma (La Strada Center Nabq, Sharm El-Sheikh).*

▶▶ ARAB POP LIVE

Wo die ägyptischen Stars zum Mikro greifen

Wo die ägyptische Upperclass und reiche Golfaraber ihre Ferien verbringen, wollen sie auch ihre Pophelden live sehen. Stars der Szene wie Nancy Ajram *(www.nancyajramonline.com)*, Amr Diab *(www.amrdiab.net,* Foto) oder Moustafa Amar *(www.moustaafaamar.net)* drehen am Roten Meer nicht nur ihre Videoclips, sondern treten dort auch auf, z. B. in El-Gouna, Sharm El-Sheikh oder in 'Ain Sukhna. Wo genau? Einfach auf Plakate achten oder im Hotel nachfragen!

SZENE

▶▶ MODERN NIGHTLIFE

Partymekka

Das Rote Meer lockt die Party-people aus Kairo und Alexandria an die Küste. Die besten DJs des Landes heizen mit Gogo-Tänzern, Lasershows und Nebeleffekten den Feiernden ein. Time for Party heißt es besonders zu religiösen Festen wie dem Opferfest oder dem Ende des Ramadan. Hotspots in Sharm El-Sheikh sind u. a. die Open-Air-Disco *Pacha (Naama Bay, im Hotel Sanafir, www.pachasharm.com)*, der *Pataya Beachclub* im Laguna Vista Resort *(Nabq, www.laguna-vista.com.eg)* und der *Ministry of Sound Beachclub* in Hurghada *(Al-Siqala, Nähe Little Mermaid Square, www.ministryofsoundegypt.com, Foto)*.

▶▶ IM AUFTRAG DER NATUR

Öko-Lodges

Urlaub ursprünglich: Öko-Lodges sind total im Trend! Besonders beliebt sind die Camps auf dem Sinai und südlich von Quseir, weitab vom Trubel der Badeorte. Das *Basata Camp (22 km nördlich von Nuweiba, www.basata.com, Foto)* ist der Pionier unter den ägyptischen Öko-Lodges. Die Spezialität des *Lahami Village (Wadi Lahami, 120 km südlich von Marsa Alam, www.redsea-divingsafari.com)* ist Birdwatching im Mangrovenwald. Beim Urlaub in der *Um Tondoba Ecolodge* sind Gazellen beobachten in der Steppe und Schnorcheln mit Delphinen im Samadai-Nationalpark angesagt *(14 km südlich von Marsa Alam, www.ecolodge-redsea.com)*.

▶▶ KITE-PARADIES

Surfer am Drachen

Erst vor kurzem entdeckte die internationale Kitesurfergemeinde das Rote Meer, und sie fand einige der besten Spots weltweit. In El-Gouna trainiert zum Beispiel der deutsche Kitesurfchampion Silvester Ruckdäschel. Bei regelmäßig stattfindenden Wettbewerben wie dem *Kite Jamboree (Red Sea Zone Watersports Academy, Northern Mangroovy Beach, www.kitejamboree.com)* misst sich die Weltelite. Die besten Center in El-Gouna befinden sich am Mangroovy Beach, z. B. der *Kiteboarding Club (www.kiteboarding-club.de)*. Ein weiterer Hotspot der Szene liegt auf dem Sinai bei Ras Sudr: Der renommierte *Club Mistral (Ramada Resort – Sharm EL-Sheikh Road, www.club-mistral.com)* im *Ramada Resort* ist für seine hervorragenden Kitesurfbedingungen für Anfänger und Fortgeschrittene bekannt.

▶▶ MEDITATIVE ENTSPANNUNG

Körper & Seele im Einklang

Die wahrhaft biblische Landschaft der Bergwüste des Sinai inspiriert nicht nur Anhänger der Weltreligionen, sondern immer öfter auch Besucher von Meditationsworkshops. Unter dem Motto „Viele Wege – ein Ziel" bringt der Beduine Scheich Ali Körper und Seele im *Hagiga Camp* ins Gleichgewicht *(Tel. 012/393 92 33, www.spiritualmindfulness.co.uk/ journeys_egypt.htm,* Foto). Spirituelle Erfahrungen vermittelt *Anis Anizan* in seinem Meditationscamp in der Oase Ain Umm Ahmed in der Nähe von Nuweiba *(Tel. 010/260 49 72)*. Jeweils vier Tage lang meditiert *Mataji Wafaa Ahmed* mit Gästen in ihrem Yoga-Camp 20 km nördlich von Nuweiba *(Tel. 012/222 90 16, www.egyptyoga.com/weekendcamps.html)*.

▶▶ KUNST AM BAU

Arab Architecture

Das Auge wohnt mit: In El-Gouna waren und sind ägyptische und internationale Toparchitekten am Werk. Villen, Resorts und das Hafenviertel sind ästhetische Meisterwerke im maurischen, nubischen oder postmodernen Stil. Der bekannte amerikanische Designer Michael Graves, Schöpfer des legendären *Alessi*-Teekessels, durfte sich mit dem *Sheraton Miramar (www.sheraton.com/elgouna)* und dem *Steigenberger Resort (www.el-gouna.steigenberger.de)* verewigen. Jüngstes Highlight: das grandiose *Turtle House* von Kurt Völtzke. Architektonische Specials: die fließenden Konturen sowie Skulpturen und das Interior, die mit dem lokal inspirierten Baustil verschmelzen *(Nähe Golfplatz, www.turtle-guest-house.com, Foto)*.

▶▶ SAVE THE WORLD

Zum Erhalt von Riff & Co.

Umweltschutz macht Spaß! Neuerdings organisieren immer mehr Tauchcenter und Umweltinitiativen Aktionen, bei denen im Team Abfälle gesammelt oder Riffe gesäubert werden. Die Trash Divers von *M.A.T.E. – Man and the environment (Assalah, www.mate-dahab.com)* in Dahab tauchen gemeinsam nach Müll. In Sharm El-Sheikh und Hurghada hat sich das *Red Sea Turtle Project* unter Marco Giovannini der Rettung von Meeresschildkröten verschrieben *(www.redseaturtles.com)*. Die *Hurghada Environmental Protection and Conservation Association* bietet Projekte zum Schutz von Haien, Riffen und zur Erhaltung von Schiffswracks an *(Marriott Hotel, Sheraton Road, www.hepca.com, Foto)*.

> ## BAKSCHISCH, BEDUINEN, BIBLISCHE ORTE

Weltreligionen und Weltpolitik, Wunderwerke der Natur, Sitten und Gebräuche – was Besucher über die Region am Roten Meer wissen sollten

ARCHITEKTUR

Von postmodern bis traditionell reicht die Stilpalette. Die Klosteranlagen im Hinterland sind oft Perlen christlicher Baukunst, und in manchen Resorts durften sich internationale Stararchitekten austoben. Viele Feriendörfer wurden vom ägyptischen Altmeister Hassan Fathy inspiriert, mit nubisch geprägten Kuppeln und Arkaden.

Bild: Oase 'Ain Khudra

BAKSCHISCH

Almosen haben in Ägypten viele Namen. Die Armensteuer *Zakat* ist eine der fünf Grundpflichten jedes Muslim. *Sadaqa* heißt die Gabe außer der Reihe – viele Ägypter geben Verwandten, in Not geratenen Nachbarn oder Arbeitskollegen regelmäßig von ihrer kargen Habe etwas ab. Das Wort, das Touristen jedoch am häufigsten hören, lautet Bakschisch (mit

STICH WORTE

langem i in der betonten letzten Silbe). Man raunt es ihnen am Straßenrand zu, Kinder rufen es Fremden hinterher. Denn jeder Tourist ist vergleichsweise reich, und ihn anzubetteln ist oft der einzige Weg, an ein paar Pfund zu gelangen. Für viele Ägypter ist es Ehrensache, Bettlern ein paar Piaster oder mehr zu geben – außer bettelnden Kindern. Wenn Kellner, Zimmermädchen, die Toilettenfrau oder der Tankwart Bak-

schisch bekommen, dann entspricht das unserem Trinkgeld. Mit einem Unterschied: Es ist das Geld, mit dem sie ihre Familien ernähren. Die Löhne reichen dazu nicht aus.

BEDUINEN
Der Sinai und die Östliche Wüste am Roten Meer waren jahrhundertelang fast ausschließlich umherziehenden Beduinen vorbehalten. Sie kannten

die Weideplätze und Wasserstellen, und sie schonten sie ehrfürchtig, indem sie weiterzogen, bevor das Fleckchen Natur ruiniert war. Alles war darauf ausgerichtet, die Lebensgrundlagen zu erhalten. Bäume zu fällen galt als Verbrechen. Verträge wurden mündlich ausgehandelt und mit Handschlag besiegelt. Heute haben die meisten Beduinen ihre Zelte gegen Betonbaracken in oft tristen Siedlungen eingetauscht.

BIBLISCHE SCHAUPLÄTZE

Als die Israeliten um 1300 v. Chr. auf der Flucht vor den Ägyptern ins Gelobte Land zogen, sollen sie dabei die Wüste Sinai passiert haben. Am Roten Meer teilte sich das Wasser vor Moses und seinen Leuten und verschlang hinter ihnen ihre Verfolger. Westlich der Oase Feiran verehren die Beduinen heute noch einen Felsen, aus dem Moses mit einem Stab Wasser schlug. Die Oase selbst gilt als Ort der Schlacht der Israeliten gegen die Amalekiter. Auf dem Mosesberg offenbarte Gott die Zehn Gebote. Alle Schauplätze sind umstritten. Einige Wissenschaftler favorisieren andere Exodusrouten, aber keine von ihnen bietet eine auch nur annähernd so gewaltige, wahrhaft biblische Kulisse wie der Zentralsinai.

GASTFREUND-SCHAFT

Die Gastfreundschaft der Ägypter, besonders der Beduinen, ist legendär.

Im harten Wüstendasein sicherte sie nicht selten das Überleben. Aus jedem Fremden wurde eine Art Familienmitglied, sobald er das *Beit Schaar* (deutsch: Haarhaus), also das Beduinenzelt, betrat. Für die Dauer seines Aufenthalts wurde er bewirtet, beschützt und wenn nötig gekleidet. Touristen werden auch heute noch immer wieder zu Ägyptern nach Hause eingeladen. Oft kann sich der Gastgeber das allerdings gar nicht leisten. Geben Sie ihm also die Gelegenheit, seine gut gemeinte Einladung zwar auszusprechen, aber notfalls nicht einzulösen. Sollte er sie mehrmals wiederholen, dann betreten Sie sein Haus ruhigen Gewissens – mit einem kleinen Geschenk, z. B. Gebäck oder Süßigkeiten für die Kinder – und mit großem Hunger. Es gibt für die Gastgeber kein größeres Lob, als wenn Sie reichlich essen!

ISLAM

Neun von zehn Ägyptern sind Muslime, am Roten Meer jedoch erleben Touristen nur wenig von ihrem religiösen Alltag. Die meisten Ferienorte sind erst in den letzten Jahrzehnten entstanden und völlig auf die Bedürfnisse der Urlauber zugeschnitten. Fünfmal täglich ruft der Muezzin zum Gebet, aber die Moscheen der Angestellten befinden sich dezent im Hinterhof der Hotels oder weitab in ihren Siedlungen. Das Gebet gehört zu den fünf religiösen Grundgeboten, wie auch das Bekenntnis zu Gott (arabisch: Allah) sowie zum Propheten Mohammed, das Fasten im Monat Ramadan, die Armensteuer *Zakat* und die Pilgerfahrt nach Mekka.

Die heilige Schrift der Muslime ist der Koran. Er wurde Mohammed vor über 1300 Jahren offenbart. Christen und Juden werden in ihm als Vorläufer, als „Leute des Buchs", respektiert. Alle Moscheen, die islamischen Gebetshäuser, können tagsüber außerhalb der Gebetszeiten besichtigt werden. Schuhe am Eingang ausziehen und keine aufreizende Kleidung tragen!

KAMEL

Die Dattelpalme, so eine beduinische Redensart, ist des Menschen Schwester, das Kamel sein unermüdlicher Bruder. Die Beduinen verehren ihre einhöckrigen Kamele, die Dromedare, als Geschenke Gottes. Zu Recht, denn kein Tier ist so ideal für die Wüste geschaffen und gleichzei-

tig dem Menschen so nützlich. Bei Trockenheit kühlt es den Körper nicht durch Schwitzen, sondern erhöht seine Temperatur auf über 40 Grad. Es kann Wasser bis zu einem Viertel seines Gewichts verlieren, ohne Schaden zu nehmen. Beim Menschen sind 10 Prozent Verlust schon lebensbedrohlich. Große Mengen Wasser speichert das Kamel im Magengewebe, nicht im Höcker, der ihm als Fettpolster dient. So kann es lange Strecken in der Wüste zurücklegen – als ideales Reit- und Lasttier. Und es liefert den Beduinen Milch, Wolle, Fleisch, Leder sowie Kot zum Trocknen und Verbrennen.

KLÖSTER

Etwa 8 Prozent aller Ägypter sind Kopten, die orthodoxen Christen des

Küstenpfad im Naturpark Ras Abu Ghalum

Landes. Ihre Zentren befinden sich in Kairo und in Oberägypten. Am Roten Meer und auf dem Sinai begegnet man christlichem Leben nur selten – es sei denn in den Klöstern. Auf der Flucht vor der römischen Christenverfolgung und angezogen von der Kraft und der Einsamkeit der Gebirgswüste ließen sich in Felsspalten und Höhlen einige der ersten christlichen Einsiedler nieder. Ihr asketisches Leben inspirierte Gläubige selbst im fernen Europa. Ihr Eremitendasein gilt als eine der Wurzeln des christlichen Mönchstums.

KORALLEN

Klares, sauerstoffreiches Meerwasser mit einer konstanten Temperatur zwischen 20 und 30 Grad sowie mit einem stabil hohen Salzgehalt, der von heißen Solequellen am Meeresgrund gespeist wird, dazu Sonne ganzjährig – das sind die idealen Lebensbedingungen für jene Polypen, die im Roten Meer das Wunderwerk der Korallen erschaffen. Die winzigen Polypen filtern Plankton und Kalk aus dem Wasser; der Kalk wird ausgeschieden, abgelagert und dient als Fundament für weitere dieser Polypen. Die Korallenstöcke wachsen 5 bis 15 mm pro Jahr. An ihren Fächern, Geweihen und Ästen siedeln sich farbenprächtige Algen an. Mehr als 1000 Fischarten leben hier. Dieser Artenreichtum macht die Riffe zu „Regenwäldern des Meers".

MFO

Am 25. April 1982 war die Rückgabe der Sinai-Halbinsel von Israel an Ägypten im Wesentlichen abgeschlossen, am selben Tag nahmen die *Multinational Forces and Observers* (MFO) ihre Arbeit auf. Seitdem begegnet man auf dem Sinai den Jeeps mit der weißen Taube auf orangefarbenem Grund oder kann die Patrouillenflüge der MFO-Hubschrauber beobachten. Die 1685 Soldaten der MFO *(www.mfo.org)* zuzüglich einiger Zivilangestellter kontrollieren die Einhaltung des Friedensvertrags von Camp David, der 1979 zwischen Ägypten und Israel geschlossen wurde.

POLITISCHES SYSTEM

Präsident Hosni Mubarak regiert das Land nach dem Prinzip Pharao. Er kann allen neuen Gesetzen widersprechen und verhängt auch den Ausnahmezustand – der jetzige gilt seit 1981. Der Reformdruck von unten wächst, zur Präsidentenwahl im September 2005 ließ Mubarak erstmals Gegenkandidaten zu. Ungereimtheiten bei ihrem Ablauf, übermächtige Staatsmedien, der Mangel an Konkurrenten sowie eine weit verbreitete Resignation verhalfen Mubarak zum Sieg. Nicht einmal jeder zehnte Ägypter stimmte für ihn, wegen der geringen Wahlbeteiligung.

ROTES MEER

Schon im Altertum führte das Meer die Farbe Rot im Namen: lateinisch *Mare Rostrum*, griechisch *Erythra thalatta*. Der griechische Historiker Herodot bezeichnete es so im 5. Jh. v.

Chr., meinte aber die Gewässer bis weit in den Indischen Ozean hinein – inklusive des Roten Meers von heute, das damals nur als Meerbusen galt. Das Rote Meer ist mit ungefähr 440 000 km^2 etwa so groß wie Schweden und über 2000 m tief, im Golf von Aqaba noch 1800 m. Das schmale Tor zum Indischen Ozean dagegen hat nur eine Tiefe von 123 m. Der Zufluss kalten Tiefenwassers aus dem Ozean wird gebremst. Das macht das Rote Meer zu einem der wärmsten weltweit.

SUEZKANAL

„In der ganzen Welt ist dies der einzige Platz, der zur Beherrschung aller Meere führen kann." So versuchte der Philosoph Gottfried Wilhelm Leibniz (1646–1716) bereits 1672 den französischen König Ludwig XIV. zum Bau des Suezkanals zu überreden. Aber erst 1859 erfolgte der erste Spatenstich. Zehntausende ägyptische Fronarbeiter schufteten damals in der Hitze. Viele von ihnen starben an Krankheiten und Erschöpfung. 1869 weihten die feine ägyptische und die europäische Gesellschaft den 162 km langen Bau gemeinsam ein. 1876 war Ägypten bankrott, der Kanal ging komplett in ausländischen Besitz über. 1956 verstaatlichte Gamal Abd el-Nasser die Kanalgesellschaft. Er wurde damit in Ägypten zum Volkshelden.

Für Taucher und Schnorchler ist das Rote Meer ein ideales Revier

WIRTSCHAFT

Die Region am Roten Meer erzielt gleich drei der wichtigsten Einnahmen im ägyptischen Staatshaushalt. 2004 ließen 8,1 Mio. Touristen umgerechnet 6,6 Mia. US-Dollar im Land, vorwiegend in den Badeorten und in Luxor. Jeweils 3 Mia. Dollar pro Jahr erwirtschaften der Export des zumeist im Roten Meer geförderten Erdöls sowie der Suezkanal. Korruption und Misswirtschaft setzen der Ökonomie des Landes jedoch tüchtig zu. Seit Juli 2004 führt eine neue Generation jüngerer, technokratischer Minister weitreichende Reformen durch.

WALLFAHRTEN UND WETTKÄMPFE

Traditionelle und neue Festivals
bieten etwas für das Auge oder für die Fitness

> Im Fastenmonat Ramadan verzichten die gläubigen Muslime des Landes, also die Mehrheit, vier Wochen lang von Sonnenaufgang bis Sonnenuntergang auf Speisen, Getränke, Sex, Parfüm und Nikotin. Alle Ämter schließen zwei bis drei Stunden vor Sonnenuntergang, damit die Angestellten pünktlich zum Fastenbrechen, dem *Iftar*-Mahl, zu Hause am Essenstisch sitzen. Die Urlauber in den Ferienzentren bekommen wenig vom Ramadan mit, von unregelmäßigen Öffnungszeiten einmal abgesehen. Wenn Sie höflich sein möchten, dann verzichten Sie darauf, in Gegenwart von fastenden Ägyptern zu essen, zu trinken oder zu rauchen. Der Beginn des Ramadan hängt vom Erscheinen des Neumonds ab, dessen Sichel mit bloßem Auge gesehen werden muss. Da sich der gesamte islamische Kalender nach dem Mond richtet, sind die Daten aller islamischen Feiertage nur ungefähre Richtwerte. Ein typisches ägyptisches Ereignis sind die Heiligenfeste, die *Moulids*. Die Plätze vor den Moscheen sind geschmückt, Kinderkarussells und Schaukeln werden aufgestellt und bunte Umzüge veranstaltet. Es herrscht Jahrmarktatmosphäre. Mehrere Tage lang treten Schlangenbeschwörer und Feuerschlucker auf, und Sufis tanzen sich in Trance.

▄▄ FEIERTAGE ▄▄

1. Jan. *Neujahrstag;* **25. April** *Befreiung des Sinai;* **1. Mai** *Tag der Arbeit;*
18. Juni *Jahrestag des Abzugs der britischen Truppen;* **23. Juli** *Jahrestag der Revolution von 1952;* **6. Okt.** *Jahrestag der Überquerung des Suezkanals im Oktoberkrieg*

▄▄ RELIGIÖSE FESTE ▄▄

7. Jan. *Koptische Weihnachten;* **9. März 2009, 26. Feb. 2010** *Moulid Al-Nabi:* Geburtstag des Propheten Mohammed; **März/April** *Koptisches Osterfest;* **1. Montag nach dem koptischen Osterfest** *Sham Al-Nessim:* Frühlingsfest, übersetzt etwa: der Duft der Frühlingsbrise; **21. Sept. 2009, 10. Sept. 2010** *Eid Al-Fitr:* Fest zum Ende des Ramadan, drei

Aktuelle Events weltweit auf www.marcopolo.de/events

> EVENTS
FESTE & MEHR

Tage arbeitsfrei; **27. Nov. 2009, 16. Nov. 2010** *Eid Al-Adha*: Opferfest, vier, selten fünf Tage arbeitsfrei; **18. Dez. 2009, 7. Dez. 2010** *Ras As-Sanna*: Islamisches Neujahrsfest;

▮ MOULIDS

Juli/August
Insider Tipp

Moulid Abu Al-Haggag: Im Fest des Lokalheiligen Abu Al-Haggag Al-Uqsuri, das Luxors Muslime und Christen feiern, leben noch alte pharaonische Traditionen fort. Beim Festumzug wird eine geschmückte Barke durch die Straßen getragen.

November
Insider Tipp

Moulid Sheikh Abul Hassan Al-Shazli: Die Wallfahrt zum Grab des Sufischeichs Al-Shazli beginnt in jedem Jahr etwa zwei Wochen vor dem islamischen Opferfest. Der Sufiorden agiert international, deshalb sind auch Europäer unter den Pilgern. Das Grab, etwa 150 km südwestlich von Marsa Alam, erreicht man über die Straße nach Edfu.

▮ FESTE UND VERANSTALTUNGEN

Februar
Hurghada Half Marathon: Aus dem internationalen Laufereignis zum Winterausgang ist inzwischen ein Lauffestival geworden, mit einem Triathlonwettbewerb sowie einem Mare-Monti-Crosslauf über 60 km, der als Qualifizierungsrennen für das Mare-Monti-Finale gilt. Startgebühren zwischen 35 und 90 Euro, *www.halfhm.com*

Annual El-Gouna Red Sea Run: Zum Winterausgang ausgetragener Lauf über verschiedene Distanzen (3–10 km). Auskunft: *info@elgouna.com*

Juli/August
Tourism & Shopping Festival: Alljährlich lockt das Tourismusministerium Ägyptens zahlungskräftige Touristen ins Land, indem mitwirkende Hotels in den Ferienzentren sowie die staatliche Fluggesellschaft Egypt Air Ermäßigungen auf Zimmerpreise und Flugtickets gewähren.

> VEGETARISCHE KÖSTLICHKEITEN

Fleisch ist Luxus. Deshalb wird Gemüse gekocht, gedünstet, zerstampft oder frittiert und kommt in immer wieder neuen Variationen auf den Tisch

> Die Restaurantszene in den großen Ferienorten am Roten Meer ist an Vielseitigkeit kaum zu überbieten: Hier können Sie italienisch, chinesisch, mexikanisch, indisch oder russisch essen.
Wer aber typisch ägyptische Küche in authentischem Ambiente probieren will, muss neugierig außerhalb der Hotels suchen – und wird am Ende mit köstlichen vegetarischen Gerichten belohnt. Eher früher als später landet man dabei in einem

Fuul- und *Taamiyya*-Imbiss. Die beiden Gerichte sind die Grundnahrungsmittel fast jeden Ägypters. Sie machen satt, sind reich an Nährstoffen und werden deshalb vor allem morgens gegessen. *Fuul* ist ein dicker brauner Saubohnenbrei, der stundenlang gekocht, mit Sesamsauce, Zitrone, Öl und Gewürzen abgeschmeckt und mit Fladenbrot von einem Metalltellerchen gelöffelt wird. *Taamiyya* heißt die ägyptische

Bild: Restaurant Bleu Bleu in El-Gouna

ESSEN & TRINKEN

Falafelvariante, knusprig frittierte Gemüsebällchen aus zerstampften Bohnen. Beide Gerichte, die umgerechnet nur wenige Cent kosten, werden auch mit Gemüse im Fladenbrot als Sandwich verkauft. Bessere *Fuul*-Restaurants servieren den Bohnenbrei auf Wunsch auch aus dem Ofen mit Ei und *Pasterma,* einem würzigen, getrockneten Formschinken. Zu allem wird Fladenbrot, das die Ägypter *'Aish* – Leben – nennen, serviert.

Die volkstümliche Variante ist gleichzeitig auch die gesündere: das dunkle, vollkörnige *'Aish baladi.* Zu den Vorspeisen gehört eine Vielzahl leckerer Pasten, die *Mezzen.* Besonders beliebt sind *Tahina,* ein öliger Sesambrei, und *Baba Ghannug,* eine Mischung aus *Tahina* und gekochten und zerstampften Auberginen.

Fleisch ist für viele Ägypter unerschwinglich. Ägyptische Lokale bieten deshalb oft keine Fleischgerichte an. Wer Appetit auf Kebab, *Kufta,* Hähnchen oder Tauben hat, muss in die entsprechenden Restaurants gehen. Dort werden diese Gerichte leider oft nur einfallslos auf dem Grill zubereitet. Eine schmackhafte Alternative ist gekochtes Fleisch in *Molokhiyya* oder die sogenannten *Tagin,* manchmal auch *Tadschin* ausgesprochen, Fleisch in Gemüsesauce aus dem Ofen, vorzugsweise mit Tomaten und Okraschoten.

Auch *Tagin*-Gerichte mit Fisch oder Meeresfrüchten sind köstlich. Überhaupt ist die Fischküche an der gesamten Küste sehr empfehlens-

> SPEZIALITÄTEN

Genießen Sie die typisch ägyptische Küche!

SPEISEN

Baba Ghannug – Püree aus gegarten Auberginen und Tahina

Baklawa – mit Nüssen gefüllte Teigpasteten

Fassuliya – Bohnen in Tomatensauce

Fatier – die ägyptische Variante der Pizza aus dünnem, knusprigem Blätterteig, süß oder würzig belegt bzw. gefüllt

Fatta – aus Fladenbrot, Fleisch und Reis aufgeschichtetes Gericht, mit Brühe durchtränkt

Kebab – gegrilltes Kalb- oder Hammelfleisch am Spieß

Kufta – gegrillte Fleischröllchen vom Rind oder Hammel

Kunafa – Kuchen aus gebackenen Fadennudeln mit Nüssen und Sirup

Kushari – Nudelgericht mit Linsen, Röstzwiebeln, Reis, einigen Kichererbsen sowie einer würzigen Tomatensauce

Lahma bi-khudaar – Fleischeintopf mit Saisongemüse

Mahallabiyya – Pudding aus Reismehl

Molokhiyya – Nationalgericht, bei dem aus einem Kraut, das der Brennnessel ähnlich ist, eine grüne, schleimige Suppe zubereitet wird

Pasterma – Formschinken aus gedörrtem Rind- oder Kamelfleisch im Gewürzmantel

Shish Tawuk – gegrilltes, entbeintes Hähnchen (Foto)

Shorbet Ads – typische ägyptische Linsensuppe

Wara ainab – Weinblätter, gefüllt mit würzigem Reis

GETRÄNKE

Assier 'assab – Zuckerrohrsaft

Karkadeh – stark gesüßter Malvenblütentee, wird heiß oder kalt getrunken

Sachleb – süßes Milchgetränk mit Nüssen, Maisstärke und geraspelten Kokosnüssen

wert. Gelegentlich, besonders zum Fest *Sham el-Nessim,* stößt man auf die bei Einheimischen beliebte Spezialität *Fesikh,* Fisch, der, nachdem er ein paar Stunden in der Hitze vor sich hingegammelt hat, gepökelt und roh gegessen wird. Viele Neugierige haben *Fesikh* genau zweimal und nicht öfter probiert – das zweite Mal, um sicherzugehen, ob er wirklich so schrecklich schmecken muss und nicht beim ersten Mal nur gründlich missraten war.

In den Kaffeehäusern oder nach dem Essen trinkt man Mokka aus kleinen Gläsern oder *Shai,* also schwarzen Tee – beides nur auf besonderen Wunsch hin nicht stark gesüßt. Zum *Shai* erhalten Sie manchmal Pfefferminzblätter. Die tauchen Sie in den Tee und haben dann *Shai bi-nanaa,* mit Minze. Allgemein gelten Teebeutel als feiner. Tee aus aufgebrühten Blättern bestellen Sie als *Shai ala bosta,* nach Art des Postmanns, also eilig, obwohl hier niemand die ägyptische Post für schnell hält.

Neben frisch gepressten Säften erhalten Sie auch überall Mineralwasser und Softdrinks. Bei diesen sind die Ägypter alles andere als markenbewusst: Ob Pepsi oder Coca-Cola, es ist ihnen egal. Sie bestellen *Häga sa'aa,* etwas Kaltes, und sind dann mit dem glücklich, was kommt. Vor einiger Zeit warb Coca-Cola entnervt mit dem verzweifelten Slogan: „Mat'ullsch häga sa'aa, ull Coca-Cola!" (Sag nicht was Kaltes, sag Coca-Cola!) Besonders gut erfrischen die *Feiruz*-Malzgetränke, wahlweise mit Apfel, Ananas oder Mango. Von den in Ägypten gekel-

terten Weinen gelten der rote Obélisque und der weiße Giannaclis als die besten. Die populärsten Biersorten sind das Local Stella und das Sakara. Zudem werden im Land auch die Marken Löwenbräu, Carlsberg und Lager gebraut.

In den meisten Restaurants werden auf den Preis der Speisen und

Heiße Erfrischung: Tee mit Minze

Getränke noch bis zu 21 Prozent Steuern und Gebühren aufgeschlagen. Bessere Lokale erheben zusätzlich oft außerdem eine sogenannte *Minimum Charge.* Egal, wie hoch Ihre tatsächliche Rechnung ist, Sie müssen in jedem Fall pro Person einen bestimmten Mindestbetrag bezahlen. Der kann irgendwo zwischen 15 und 80 £E (etwa 2–10 Euro) liegen.

STOFFE, SCHMUCK UND SOUVENIRS

Die Basare, Malls und Promenaden am Roten Meer verkaufen vor allem Reiseandenken aller Art

> Wenn es nach dem Willen ägyptischer Geschäftsleute ginge, dann sollten sich die Touristen an den Rotmeerküsten in einem Einkaufsparadies wähnen. Die Urlaubszentren werden von Geschäftsstraßen beherrscht, in den Hotels entstehen immer neue Shoppingarkaden und Malls. Oft sind die Produkte völlig überteuert. Die Hotelbetreiber werden von den europäischen Veranstaltern gezwungen, ihre Zimmer zu Dumpingpreisen anzubieten. Deshalb versuchen sie, einen Teil des verloren gegangenen Umsatzes auf andere Weise wieder reinzuholen – durch hohe Preise innerhalb der Hotels sowie durch Souvenirverkauf. Oft werden die Gäste ausdrücklich dazu ermutigt, Kunsthandwerk und Reiseandenken in den Hotels zu kaufen statt draußen, wo sie ja immer damit rechnen müssten, übers Ohr gehauen zu werden. Viele Ausflüge gleichen wahren Butterfahrten, denn meistens wird an Papyrusmanufakturen, Parfümläden oder Teppichknüpfereien gestoppt – „nur zum Gucken". Die Veranstalter erhalten selbstverständlich einen Anteil des Geldes, das Sie dort lassen. Mit den Hotelläden konkurrieren die Geschäftsinhaber draußen. Sie haben ein oft ähnliches Angebot, zu ähnlichen Preisen. Überlegen Sie bei jedem Einkauf gut, ob Qualität, Aufwand und Charakter des Produkts auch tatsächlich den Preis wert sind. Wenn Sie etwas Besonderes wollen, müssen Sie sich neugierig umgucken, auch außerhalb der ausgetretenen Promenaden. Feilschen Sie, außer in Supermärkten und Krämerläden! Bleiben Sie freundlich dabei, flechten Sie lustige Anekdoten mit ein. Ein Händler, der Sie amüsant findet, geht schneller mit dem Preis runter.

◼ BÜCHER ◼◼◼◼◼◼◼◼◼◼

In Hurghada finden Sie ein ungewöhnlich großes Angebot an deutsch- und englischsprachiger Literatur im *Red Sea Bookstore* von Mazen Ali, dem engagiertesten Buchhändler am Roten Meer (*Zabargad Mall, Hadaba*).

> EINKAUFEN

■ GEWÜRZE, KRÄUTER & TEE ■

Getrocknete Gewürze, Heilpflanzen und Kräuter werden an Ständen und in speziellen Läden nach Gewicht verkauft. Als Mitbringsel besonders beliebt ist *Karkadeh* (getrocknete oberägyptische Malvenblüten). Die Blüten werden mit kochendem Wasser übergossen oder ein paar Minuten mitgekocht. Der köstliche Sud ist ein idealer Vitamin-C-Spender und Blutdrucksenker und wird heiß oder eisgekühlt serviert. Angeboten werden auch Sesam- und Schwarzkümmelöle. Letzteres gilt im Nahen und Fernen Osten seit Jahrtausenden als eines der effektivsten Naturheilmittel. Es stärkt das Immunsystem, wirkt entzündungshemmend und lindert Allergien.

■ KUNSTHANDWERK ■

Der Bummel durch die Ortskerne der Badeorte oder Ausflüge ins Umland ist eine gute Gelegenheit, Souvenire billiger als in den Hotels zu kaufen. Auf den Märkten in *Dahab* und in *Tarabin* bieten Beduinen traditionelles Kunsthandwerk an. Falls Sie nach Luxor fahren: Kaufen Sie Alabastersouvenirs dort, denn in Luxor werden sie hergestellt.

■ MALLS & BOULEVARDS ■

In Hurghada eröffnete 2008 mit der *Senzo Mega Mall (www.senzomall.com)* das größte Einkaufszentrum am Roten Meer. In den meisten Malls finden Sie auch Coffeebars und Restaurants, in Sharm El-Sheikh etwa im *La Strada Center Nabq* sowie in der *Il Mercato Mall (www.ilmercatosharm.com)*, in der es sogar einen Virgin Megastore für CDs und DVDs gibt.

■ PARFÜM ■

Prüfen Sie in Parfümläden besonders kritisch, ob Sie am Ende auch wirklich mit dem Duft und der Menge rausgehen, die Sie bezahlt haben. Bei internationalen Markendüften, die scheinbar original verpackt sind, handelt es sich zudem manchmal um Imitate, die genauso riechen wie die Originale, aber Minuten nach dem Anlegen bereits verfliegen.

> KORALLENRIFFE UND TRAUMSTRÄNDE

Tanzen, tauchen und die grandiose Bergwelt des Sinai erleben

> Jahrtausendelang war auf dem Sinai die Ewigkeit zu Hause. Heute aber ist er schnell geworden: Klimatisierte Reisebusse durchfahren ihn auf gut ausgebauten Fernstraßen, Flugzeuge überqueren ihn im Minutentakt. Sie alle haben ein Ziel: den schmalen Küstenstreifen am Ostufer der Halbinsel, am Golf von Aqaba.

Von Taba an der israelischen Grenze im Norden bis hinunter nach Sharm El-Sheikh ganz im Süden reihen sich auf einer Länge von 200 km die Ferienorte und Beachresorts aneinander. Die Berge des Sinai, seine Strände, Buchten und Naturparks bieten eine oft grandiose Kulisse, und fast der gesamte Küstenstreifen wird mehr und mehr zu einem einzigen riesigen Freizeitpark. Das Ferienbiotop, das sich hier entwickelte, hat wenig mit dem Ägypten zu tun, das die Urlauber möglicherweise erwarten. Es ist extra für sie entstanden, innerhalb weniger Jahre. Na-

Bild: Dahab

ÖSTLICHER SINAI

hezu alles ist hier auf Tourismus eingestellt. An der Küste befinden sich Korallenriffe, die zu den schönsten Tauchgründen der Welt gehören. Tauchtouren dorthin werden in allen Ferienorten angeboten. Auch zu den Ausflugszielen im Innern der Halbinsel gelangt man von allen Orten aus. Dahab und Nuweiba eignen sich dafür am besten als Ausgangspunkte. Mehrmals täglich fahren Linienbusse zwischen Sharm El-Sheikh und Taba.

DAHAB

 **KARTE IN DER HINTEREN UMSCHLAGKLAPPE**

[115 E4] ⭐ Vor einigen Jahren hat der Ort einige Berühmtheit als Paradies für Hippies und Aussteiger auf Zeit erlangt – und weil man hier problemlos weiche Drogen kaufen konnte. Das kann man zwar immer noch, aber Dahab hat sich tüchtig verändert – in einer Weise, die man auf die Formel bringen

DAHAB

Abends wird die Strandpromenade von Dahab von bunten Lichtern erhellt

könnte: mehr Kommerz, weniger Kiffer. Der Ort hat eine gepflasterte Strandpromenade erhalten, Papierkörbe und Geldautomaten wurden aufgestellt, überall eröffneten Highspeed-Internetcafés. Zur Erleichterung vieler Dahab-Fans, die immer wieder hierher kommen, hat der Ort (10 000 Ew.) sein einzigartiges Flair jedoch bewahren können. Die Atmosphäre erinnert ein wenig an Berlin-Mitte oder Amsterdam im Sommer.

■ ESSEN & TRINKEN

Nach Sonnenuntergang sind die Uferstreifen von Mashraba und Masbat in die Farben zahlloser Lichterketten getaucht. In den Restaurants und Strandcafés kann man gut und billig essen: ägyptisch, indisch, italienisch usw. sowie Fisch in allen Variationen, der vor den Eingängen auf Eisbetten ausliegt. Tagsüber können Sie hier frühstücken oder auf Beduinenteppichen dösen und Wasserpfeife rauchen.

AL-FANAR CAFÉ

Pasta, Pizza, Fleisch- und Fischgerichte, gemütliche Sofas und Chilloutmusik unmittelbar am Ufer. *Masbat | Tel. 010/638 04 45 | tgl. 10–24 Uhr | €–€€*

AROUSAT AL-BAHR

Beliebtes, billiges Fischrestaurant im Basarviertel, das voll ist, selbst wenn in anderen Restaurants Nebensaisonflaute herrscht. *Masbat, im Souk | Tel. 069/364 08 91 | tgl. 11–1 Uhr | €–€€*

CARM INN

Sieben Küchen in einer – von Fernost bis Fernnord, iranisch, skandinavisch, italienisch, ägyptisch, mexikanisch: mystisches Ambiente und Trancemusik. *Masbat, am Ufer | Tel. 069/364 13 00 | tgl. 10–24 Uhr | €€*

FRIEND'S

Haifischsteak und andere Fischgerichte, Gemüsepfannen sowie *Mezzen* zu Fladenbrot direkt am Strand. *Masbat | tgl. 10–2 Uhr | €€*

> *www.marcopolo.de/rotesmeer-sinai*

LAKHBATITA

Top der

Romantische Pizzeria, voll gestopft bis unter die Decke mit Flohmarktinterieur, jüngst ergänzt durch eine Terrasse am Ufer speziell für Fischgerichte. *Mashraba, am Ufer | Tel. 069/364 13 06 | tgl. 11–24 Uhr | €–€€*

◼ EINKAUFEN ◼◼◼◼◼◼◼◼◼

Der *Souk,* Dahabs Basar, beginnt hinter der Polizeistation am Ufer von Masbat und bietet auf einigen Hundert Metern Länge die übliche Ägyptenfolklore: Kunsthandwerk, Souvenirs, Papyrus, Gold- und Silberschmuck. Dahabs größter Supermarkt ist der *Ghazala Market* unweit der Polizeistation.

◼ ÜBERNACHTEN ◼◼◼◼◼◼◼◼

ALF LEILA BOUTIQUEHOTEL 🔊

Dahabs originellstes Hotel befindet sich zwar nicht am Meer, besitzt aber eine deutsche Bäckerei und traumhaft orientalisch gestaltete Studios, die Namen wie *Saffron* oder *Arabesque* tragen. *16 Zi. | Main Road Ecke Sharia al-Fanar | Tel. 010/693 56 69 und 069/364 05 95 | www.alfleila. com | €€*

BISHBISHI VILLAGE

Beliebtes Gartencamp mit einfachen Bungalows, teilweise mit Bad, etwa 200 m vom Ufer entfernt. Gelegentlich abendliche Lagerfeuer. *Mashraba, kleiner Durchgang neben der Apotheke Dr. Ekrami | Tel. 069/364 07 27 | €*

DOLPHIN 🔊

Insider Tipp

Camp am Meer mit sauberen, teilweise klimatisierten Kuppelhäuschen, netten Betreibern und der Möglichkeit, den Swimmingpool vom Nesima Resort nebenan für 20 £E/Tag zu nutzen. *22 Bungalows | El-Mashraba | Tel. 069/364 00 81 | www.dolphincamp.net | €*

MARCO POLO HIGHLIGHTS

⭐ **Ras Mohammed**
Felsige Halbinsel aus fossilen Korallen an der Südspitze des Sinai (Seite 44)

⭐ **Dahab**
Beliebter Treffpunkt von Tauchern und Möchtegernhippies (Seite 31)

⭐ **The Fjord (Marsa Murakh)**
Die schönste Bucht der Sinai-Halbinsel (Seite 47)

⭐ **Coloured Canyon**
Eindrucksvolle Schlucht aus rotgelbem Sandstein (Seite 38)

⭐ **Nabq-Nationalpark**
Bizarre Felsen, Dünen und die nördlichsten Mangrovensümpfe der Welt (Seite 44)

⭐ **Geziret al-Fara'un**
Malerische Insel mit einer Kreuzritterburg aus dem 12. Jh. (Seite 47)

⭐ **Ras Abu Ghalum**
Naturpark mit pittoresker Landschaft (Seite 35)

⭐ **Tarabin**
Einfache Beduinensiedlung am Strand mit Hippieatmosphäre (Seite 39)

DAHAB

INMO

Das hübsche Miniresort im maurischen Kuppelstil ist ein Familienbetrieb des passionierten Unterwasserfotografen Mohammed El Kabany und seiner deutschen Ehefrau. Swimmingpool, Internetzugang, deutschsprachige Kinderbetreuung, Hausriff sowie eine der besten Tauchschulen

069/364 03 80 | *www.club-red.com* | €–€€

NESIMA RESORT

Eines der schönsten Hotels im Herzen von Dahab, zweistöckige Natursteinhäuschen, romantisches Poolsetting direkt an der Strandpromenade. Bestes Steakrestaurant auf dem gan-

Den Nationalpark Ras Abu Ghalum können Sie auch mit dem Dromedar besuchen

im Ort. *20 Zi. | Mashraba, am Ufer | Tel. 069/364 03 70 | www.inmodi vers.de | €–€€*

MOHAMMED ALI VILLAGE

Vom Backpackercamp zum Ferienklassiker in Dahab: preisgünstige Zimmer, teilweise mit Bad, Klimaanlage und Meerblick. Oasenatmosphäre im Innenhof mit Café. *100 Zi. | Masbat, an der Polizeistation | Tel.*

zen Sinai. *51 Zi. | Mashraba, am Ufer | Tel. 069/364 03 20 | Fax 364 03 21 | www.nesima-resort.com | €€*

◼ FREIZEIT & SPORT ◼◼◼◼

M.A.T.E.

Man And The Environment (M.A.T.E.) bietet Aktivitäten für ökologisch Bewusste: Wüsten- und Bergsafaris, Studienkurztrips unter geologischen und biologischen Aspekten sowie zu Beduinen (mit Kursen in beduinischem Kunsthandwerk). Oder man schließt sich hier den *Trash Divers* an und taucht umweltbewusst nach Müll. *Assalah | Tel. 010/138 84 58 oder 069/364 10 91 | www.mate-dahab.com*

TURKISH BATH

Das Dampfbad des Beduinenscheichs Nasr Hamid bietet Körperpeeling, Entspannungs- und Ölmassagen ab 100 £E an, inklusive anschließendem Tee oder Kaffee im orientalischen Empfangssaal. *Masbat, am Mohammed Ali Village | Tel. 069/364 26 43 | tgl. 11–23 Uhr*

AM ABEND

DJs legen regelmäßig im *Tota* auf (*Masbat, am Ufer | tgl. 10–2 Uhr*), manchmal spielen dort Bands, gelegentlich gibt es sogar sudanesische Livemusik. *Al-Zar* veranstaltet freitags Partys (*Mashraba, am Ufer*). Im beliebten kleinen *Rush Pub* (*Mashraba, Hauptstraße südlich des Nesima Resorts*) kann man bei lauter Musik billig Bier trinken.

ZIELE IN DER UMGEBUNG

Ausflüge in die Berg- und Wüstenwelt mit Jeep, Taxi oder dem Kamel, zum Beispiel zum Katharinenkloster oder ins Wadi Connection, ein Tal mit einfachem Restaurant/Kaffeehaus, betrieben von Beduinen, buchen Sie in Ihrem Hotel, Camp oder Tauchcenter bzw. bei den vielen Anbietern an Dahabs Uferpromenade.

RAS ABU GHALUM ★ [115 E–F 3–4]

Naturpark, dessen Artenreichtum und pittoreske Landschaft seinesgleichen auf dem Sinai sucht. 44 der hier wachsenden Pflanzen sind sonst nirgendwo auf der Halbinsel zu finden. Beduinen bieten einfache Unterkünfte und frische Fischgerichte an. *20 km nördlich von Dahab, erreichbar per Jeep oder Kamel bzw. nach drei Stunden zu Fuß*

WADI QNAI [115 E4] *Insider Tipp*

Die ein- bis zweitägige Tour auf dem Kamel führt durch eindrucksvolle Schluchten und an Beduinensiedlungen sowie Süßwasserquellen vorbei. Unterwegs können Sie – etwa 10 km südlich von Dahab – einsam im Meer baden. *Ab etwa 70 £E pro Person/Tag*

>LOW BUDGET

NUWEIBA

[115 F2–3] Der beschauliche, aufgeräumt wirkende Ort mit etwa 20 000 Einwohnern hat Fans, die wegen der Stille und der fast völligen Abwesenheit jeglichen Pauschaltouristentrubels immer wieder hierher kommen. Im Zentrum finden Sie einige Geschäfte, auch für Souvenirs und Kunsthandwerk, Restaurants, eine Apotheke und das Internetcafé *Almostakbal* (die Zukunft). Touren in die Bergwelt des Sinai sind in Nuweiba billiger als anderswo. Auskunft dazu erhalten Sie in den Kaffeehäusern, Restaurants sowie in den Camps und Hotels. Vom Hafen fahren täglich Fähren ins jordanische *Aqaba (ab 22 US$ | www.jordansinai hotels.com/transptrips.htm)*. Das Visum für Jordanien erhalten Sie bei der Einreise.

▮ ESSEN & TRINKEN ▮
CLEOPATRA
Angenehmes Lokal mit ägyptischer Küche und internationalen Gerichten. *Gegenüber dem Nuweiba Village Hotel | Tel. 069/350 05 03 | tgl. 11–23 Uhr | €€*

DR. SHISHKEBAB
Der Klassiker in Nuweiba für Bohnen- und *Falafel*-Sandwichs sowie Grillgerichte und andere einfache ägyptische Speisen. Mit Dachterrasse. *Im Zentrum | tgl. 10–24 Uhr | €*

HAN KANG
Eines von zwei chinesisch-koreanischen Restaurants im Ort, beliebt, preiswert, gut. *Gegenüber dem Nuweiba Village Hotel | tgl. 12–24 Uhr | €–€€*

▮ ÜBERNACHTEN ▮
Am gesamten Küstenstreifen von Nuweiba bis nach Taba kann man in einfachen Beachcamps ab 1 Euro pro Nacht am Strand wohnen, in Bambushütten oder in kleinen Bungalows. Schlafsack nicht vergessen! Besonders beliebt sind das kleine *Rocksea Camp* 15 km nördlich von Nuweiba, *Tel. 012/796 31 99 | www.rocksea.net | €*, und das *Castle Beach Camp* 12 km nördlich von Nuweiba, *Tel. 012/73 84 95 | €*.

BASATA
Einst die erste Ecolodge Ägyptens. Einfache Hütten aus Naturmaterial an einem schönen Sandstrand, familiäre Atmosphäre, kein Lärm, kein Alkohol, Gemeinschaftsküche, konsequente Mülltrennung. Unbedingt rechtzeitig reservieren! *17 Hütten, 7 Chalets | 22 km nördlich von Nuweiba | Tel. 069/350 04 81 | www.basata.com | €*

CASA DEL MARE
Das kleine, zweistöckige Hotel wirkt etwas langweilig, hat aber Vorzüge: Es ist neu, sauber und befindet sich am Strand; Zimmer mit Klimaanlage, Satelliten-TV und Balkon. Das Restaurant serviert rund um die Uhr. Alle Zimmer haben Meerblick. *16 Zi. | Small Dune | Tel./Fax 069/350 12 13 | www.casadelmare.com.eg | €€*

CIAO HOTEL
Direkt am Ufer gelegen und beliebt bei italienischen Reisegruppen. Komfortable Zimmer mit Satelliten-TV, Klimaanlage. Überall kitschige pharaonische Schmuckelemente mit Baumarktflair. *50 Zi. | Small Dune |*

*Tel./Fax 069/350 12 05 | ciao@
link.net | €€*

HABIBA VILLAGE

Gut ausgestattete Bungalows, die
Zimmer sind teils mit, teils ohne Bad
und Klimaanlage. Das Habiba Village ist am Ufer einer schönen Bucht
gelegen. Romantische Cafeteria im
Beduinenstil, die sich hervorragend
für laue Sommernächte oder zum
Frühstücken am Strand unter Palmen
eignet. Gutes Restaurant, Kamelreit-
schule sowie Ausflugsprogramm für
jeden Geschmack. *11 Zi., 10 Bam-
bushütten | südlich des Nuweiba Vil-
lage Hotels | Tel./Fax 069/350 07 70
| www.sinai4you.com/habiba | €–€€*

HILTON CORAL RESORT

Beachresort mit schönem, langem
Sandstrand, weitläufigem Garten sowie mehreren Restaurants. Zwei
Swimmingpools (einer im Winter be-
heizt), Tauch- und Wassersportcen-
ter, Fahrradverleih, Tennis, Squash
und Volleyball. *180 Zi., 20 Garten-
häuser | in Hafennähe | Tel. 069/352
03 20 | Fax 352 03 27 | www.hilton.
com | €€€*

■ ZIELE IN DER UMGEBUNG ■

'AIN KHUDRA   **[115 E3]**

Die kleine malerische Oase, deren
Name „grüne Quelle" bedeutet, soll
das biblische Hazeroth sein, wo Gott
Miriam mit Aussatz strafte. Miriam
und ihr jüngerer Bruder Aaron hatten
dem Alten Testament zufolge Moses
übel genommen, dass er sich die dun-
kelhäutige Kuschiterin Zippora zur
Frau nahm. Sie stellten außerdem
seinen Alleinvertretungsanspruch in
Frage: „Redet denn der Herr allein

Noch ist hier nichts los: früher Morgen
am Strand von Nuweiba

durch Mose? Redet er nicht auch durch uns?" (4. Mose 12, 2). Daraufhin strafte Gott Miriam mit Aussatz und begrenzte nur auf Bitten Moses' die Krankheit auf sieben Tage. Erst danach zogen die Israeliten weiter. Die Oase befindet sich knapp 20 km nördlich der Straße von Nuweiba zum Katharinenkloster. Eine kleine Cafeteria am Straßenrand markiert den Punkt, an dem Sie die Straße Richtung Norden verlassen müssen – etwa 7 km westlich jener Kreuzung, an der die Straßen von Nuweiba, Dahab und vom Katharinenkloster aufeinander treffen. Das Grün der Palmen und anderer Pflanzen der Oase bildet einen hübschen Farbkontrast zum hier vorherrschenden Gelb und Rot des Sandes und der Sandsteinfelsen. Das kleine Fleckchen Paradies mit der Quelle in der Mitte wird von Beduinen bewirtschaftet. Unweit der Oase befindet sich der *White Canyon,* eine schmale, weißgraue Schlucht.

CASTLE ZAMAN [115 F2]

Insider Tipp

Die Inneneinrichtung von Hany Ghabrys selbst errichteter Burg ist ein schicker Designertraum aus Naturmaterialien, modern und traditionell, alles konsequent ökologisch. 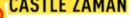 Hoch über dem Meeresufer verbringt man den Tag am traumhaft schönen Pool oder in einer der Lounges, wählt eines der Gerichte, die mittelalterliche Phantasien sind, bestellt Drinks und hört Musik zum Chillen, solange man möchte. Unbedingt besuchen! *35 km nördlich von Nuweiba | Tel. 012/214 05 91 | www. castlezaman.com | tgl. 8–2 Uhr | Mindestverzehr 50 £E | €€–€€€*

COLOURED CANYON ★ [115 F2]

Ein schmales Tal, das seinen Namen zu Recht trägt, denn die von Wasser und Wind ausgewaschenen Felsen leuchten in den unterschiedlichsten Gelb-, Braun- und Rottönen. Sie bilden faszinierende Muster, die ihre Farbintensität behalten haben, da hier unten immer Dämmerlicht herrscht. Eine Tour kostet pro Tag inklusive Transport, Verpflegung und Führung um die 100 £E – egal ob mit Jeep oder Kamel. Am Rand der Schlucht ist eine Ecolodge des Beduinen Amm Tawa im Entstehen. Empfehlenswert: Verbinden Sie den Ausflug mit einer Übernachtung in der Wüste (Schlafsack, festes Schuhwerk und warme Kleidung nicht vergessen)!

Insider Tipp

HAGGAR MAKTUB [115 E3]

Etwa 1 km nördlich der Straße von Nuweiba zum Katharinenkloster, wenige Hundert Meter westlich der Cafeteria, von der aus Sie zur Oase 'Ain Khudra gelangen, befindet sich ein einzeln stehender Felsen, dessen Name auf Deutsch etwa „Felsen der Inschriften" bedeutet. Auf ihm sind Zeichnungen aus verschiedenen Epochen zu sehen, unter anderem aus nabatäischer und griechisch-römischer Zeit sowie aus der Zeit der Kreuzzüge.

NAWAMIS [115 E3]

Die rätselhaften kleinen Häuser aus mörtellos zusammengefügten Steinen, die ihren Namen von den Beduinen erhalten haben, sind vermutlich über 5000 Jahre alt. Alle ihre Eingänge sind nach Westen ausgerichtet. Wahrscheinlich waren die 2 m hohen Bauten einst als Gräber errichtet worden. Die Sandpiste zu diesen Häuschen zweigt Richtung Süden von der Straße Nuweiba-Katharinenkloster wenige Kilometer westlich jener Cafeteria ab, von der aus Sie Richtung Norden zur Oase 'Ain Khudra gelangen. Die etwa 4 km lange Sandpiste führt an einem einzeln stehenden Felsen vorbei, auf dem unzählige

Bungalows aus Stein wächst ständig. Manche Holzhütten erhalten nun eine zweite Etage, andere sogar eine Klimaanlage. Das *El-Sebayy Village (Tel. 069/350 03 74 | €)* ist ein verträumtes kleines Resort mit festen Bungalows und viel Grün im Innenhof. Beliebte, einfache Hüttencamps sind *Blue Bus (€)* sowie das *Soft*

Sand und Sandsteinfelsen prägen die Umgebung von 'Ain Khudra

Zeichnungen zu sehen sind. Sie stellen unter anderem Tiere dar. Der Felsen ähnelt dem *Haggar maktub*.

TARABIN ★ [115 F2]

Noch besitzt die einstige Beduinensiedlung 2 km nördlich von Nuweiba ihren unorganisierten Hippiecharme, noch kann man hier in einfachen Bambushütten für 1 bis 2 Euro pro Nacht wohnen, aber die Zahl der

Beach Camp (€). Am nördlichen Rand von Tarabin bietet das *Nakhil Inn/Nakhil Dreams (26 Zi. | Tel. 069/350 08 79 | Fax 350 08 78 | www.nakhil-inn.com | €€).* hübsche Studios aus Stein oder hellem Holz mit großen Panoramafenstern und Hochbett an. In den zahllosen Strandcafés in Tarabin können Sie gut und billig essen, vor allem frischen Fisch, oder sich bei Wasser-

Insider Tipp

pfeife und Bier vom Meer hypnotisieren lassen.

SHARM EL-SHEIKH

 KARTE IN DER HINTEREN UMSCHLAGKLAPPE

[115 E6] **Neben Hurghada ist Sharm El-Sheikh (30 000 Ew.) einer der beiden großen Ferienorte am Roten Meer, wirkt jedoch verglichen mit Ersterem aufgeräumter, moderner und eleganter.** Tauchsportler, magisch angezogen von der überwältigenden Schönheit der Korallenriffe, waren die ersten, die den Tourismus vor 20 Jahren hierher brachten; heute bevölkern überwiegend Bade- und Strandurlauber die Beachresorts und Fünfsternehotels rund ums Jahr. Neben den weit über 50 Tauchcentern gibt es ein unüberschaubares Freizeit-, Sport- und Unterhaltungsangebot. Sharm El-Sheikh ist Ägyptens Vorzeigeresort. 2003 kürte der britische Sunday Telegraph den Ort zu einem der zehn attraktivsten Ferienziele weltweit. Das Herzstück von Sharm El-Sheikh ist die *Naama Bay*. Hier befindet sich links und rechts des Sanafir Hotels die touristische Shopping- und Bummelmeile des Orts. Die meisten Touristen wohnen jedoch in Hotels, die sich über eine Entfernung von inzwischen insgesamt 30 km nördlich und südlich der Naama Bay verteilen, mehr oder weniger dicht am Meer. Der eigentliche Ort ganz im Süden, unweit der Marina, wird gelegentlich *Sharm El-Maja* genannt. Zur Naama Bay gelangt man mit dem Taxi oder dem Shuttlebus, den die meisten Hotels kostenlos anbieten. Um überhöhten Taxipreisen vorzubeugen, hat die Stadtverwaltung überall Hinweistafeln aufgestellt, denen man die vor-

> BLOGS & PODCASTS
Gute Tagebücher und Files im Internet

> *www.touregypt.net* – Die Blogs aus Sharm El-Sheikh, Nuweiba, Taba und anderen ägyptischen Orten, aufgelistet in der Mitte der Seite, bieten eine Reihe interessanter Infos, werden allerdings unregelmäßig aktualisiert.

> *http://wordpress.com/tag/red-sea* – Die Reisetagebücher, die hier verlinkt sind, haben eine sehr unterschiedliche Qualität, einige berichten von Taucherfahrungen im Roten Meer und von Erlebnissen z.B. in Hurghada, Dahab und in der Gegend um Marsa Alam.

> *www.travelblog.org/Africa/Egypt* – Hier finden Sie eine lange Liste mit englischsprachigen Weblogs, in denen Ägypten-Reiseerlebnisse erzählt werden.

> *www.podcast.de* – Wer im Sachgebiet „Episoden" z.B. nach den Stichwörtern „Ägypten" oder „Sinai" sucht, findet Dutzende von Audio- und Videobeiträgen zu Themen wie Politik, Religion, Geschichte und Tourismus. Viele von ihnen sind Sendungen des öffentlich-rechtlichen Hörfunks.

Für den Inhalt der Blogs & Podcasts übernimmt die MARCO POLO Redaktion keine Verantwortung.

geschriebenen Preise entnehmen kann.

ESSEN & TRINKEN

ABOU EL-SID ✻

Ableger des Kairener Szenelokals. Arabische Spezialitäten, u. a. ägyptische Küchenklassiker wie *Molokhiyya* und (das hier völlig überteuerte) *Kushari*. Terrassenblick aufs Naama-Bay-Treiben. *Über dem Hard Rock Café | Naama Bay | Tel. 069/ 360 39 10 | tgl. 11–1 Uhr | €€*

AL-SHEIKH

Für die Ägypter des Orts ist der kleine, einfache Imbiss die erste Adresse für *Fuul-* und *Falafel*-Sandwichs. *Im Souq | tgl. 0–24 Uhr | €*

EL-FANAR ▶▶

Einst preiswerter Treffpunkt eher studentischen Publikums, jetzt teurer und edler, aber immer noch mit demselben gemütlichen Grottenambiente. Außerdem: Strandbar sowie mittwochs und freitags Partys im Amphitheater am Ufer *(Clubbing in the Cave). Ras Umm Sid, am Leuchtturm | Tel. 069/366 22 18 | tgl. 11–2 Uhr | www.elfanar.net | €€–€€€*

IL FRANTOIO

Insider Tipp

Dies ist das wahrscheinlich beste italienische Restaurant in ganz Ägypten. Die exzellenten Gerichte des Küchenchefs Angelo Zantetechi werden in noblem Ambiente serviert. *Four Seasons Resort | Tel. 069/360 35 55 | tgl. 19–23.30 Uhr | €€€*

MELODIES 🔊

Kleine Pizzeria mit Vorgarten am Basarviertel. Der W-LAN-Internet-

zugang ist kostenlos. *Am rechten Haupteingang zum Souq | Tel. 069/ 366 22 40 | tgl. 11–24 Uhr | €–€€*

RANGOLI ✻

Kleines Restaurant mit indischer Küche und malerischem Blick auf die

Insider Tipp

El Fanar: angesagt und gemütlich

nächtliche Naama Bay – beides vom Feinsten. Unbedingt vorher reservieren! *Sofitel Coralia Resort | Tel. 069/ 360 00 81 | tgl. 19–23.30 Uhr | €€€*

SINAI STAR/
NIGMET SINA

Bitte lassen Sie sich von der Wartesaalatmosphäre auf gar keinen Fall abschrecken: Hier bekommen Sie erstklassige Fischgerichte, fangfrisch und in großen Portionen. *Im Souq | Tel. 069/366 03 23 | tgl. 11–24 Uhr | €*

■ EINKAUFEN ■

ALADIN

Originelles Kunsthandwerk, Beduinenschmuck, handgeblasene Abrissgläser, Lampenschirme – und das alles wird in nahezu unüberschaubarer Menge angeboten. *Camel Dive Hotel | Naama Bay | tgl. 10–14 und 18–24 Uhr*

BARAKA CARPETS

Hier bekommen Sie handgeknüpfte Teppiche aus Seide, Wolle, Leinen – in ganz Ägypten hergestellt. *Gegenüber dem Sanafir Hotel | tgl. 10–13 und 18–24 Uhr*

247 SUPERMARKET

Einer der größten Supermärkte des Orts, der rund um die Uhr geöffnet ist. *El-Hadaba | www.247supermarket.com*

■ ÜBERNACHTEN ■

AMAR SINA

Schönes, familiäres Resort mit Pool, verspielt gestaltet mit nubischem Interieur, roten Ziegelsteinornamenten, alten Schiffsplanken und Holzbrücken; idyllischer Kinderbauernhof mit Zoo, Shuttlebus zum Strand. *91 Zi. | El-Hadaba | Tel. 069/366 22 22 | Fax 366 22 33 | www.minasegypt.com | €€*

CROWNE PLAZA

Ohne Pomp und Kitsch, trotzdem majestätisch gestaltet im marokkanischen Stil: romantische Terrassen direkt am Strand, fünf Pools, einer im Winter beheizt. *400 Zi. | El Pasha Bay | Tel. 069/360 30 90 | Fax 360 30 99 | www.crowneplazasharm.com | €€–€€€*

PIGEON'S HOUSE

Eines der wenigen noch von Beduinen geführten Hotels im Ort; schöne, saubere Zimmer mit Bad, einige mit

Die Naama Bay in Sharm El-Sheikh bietet alle Freuden eines Badeurlaubs

Klimaanlage. *46 Zi. | Peace Road | Naama Bay | Tel. 069/360 09 98 | Fax 360 09 95 | pigeon@access.com. eg | €*

SANAFIR HOTEL ⟫

Der Hotelklassiker im Ort liegt zwar nicht am Strand, dafür direkt an der Amüsiermeile der Naama Bay; und das heißt auch: lautes Nachtleben. *42 Zi. | Tel. 069/360 01 97 | Fax 360 01 96 | www.sanafirhotel.com | €€*

SHARK'S BAY BEDOUIN HOME ⚹

Gut ausgestattete Hütten und Bungalows an einem Felshang, mit Blick direkt aus den Betten über den Golf von Aqaba. Gemeinschaftsduschen. Tauchcenter an privatem Hausriff. *76 Zi. | Shark's Bay | Tel. 069/360 09 43 | Fax 360 09 41 | www.sharksbay.de | €*

▮ FREIZEIT & SPORT ▮▮▮

DOLPHINELLA

Wem in Gefangenschaft dressierte Delphine leidtun, der kann sie in diesem nicht unumstrittenen Delphinarium trösten: Zu bestimmten Zeiten ist das Schwimmen mit den Tieren erlaubt. *El-Hadaba | Show Mo–Sa 15 Uhr | Eintritt 20 US$*

FUN TOWN

Vergnügungspark für Kinder mit Autoscooter, über einem Dutzend Fahrgeschäften und mehr als 50 Arcademaschinen und Flipperautomaten. *Peace Road | Naama Bay | tgl. 15.30–1 Uhr | Eintritt 5 £E*

GHIBLI RACEWAY INTERNATIONAL

Moderne Gokartbahn mit vier Pisten für alle Altersklassen sowie Helm-

und Overallverleih. *Peace Road, neben der Einfahrt zum Hyatt Regency Hotel | www.ghibliraceway.com | tgl. 12–1 Uhr | ab 15 US$*

ICE SKATING CENTER

Eisbahn mit Schlittschuh- und Hockeyausrüstungsverleih. Regelmäßig Diskothek. *Concorde El Salam Resort | tgl. 10–22 Uhr | Eintritt 10 Euro inklusive Schlittschuhe*

SEASCOPE SUBMARINE

Das Boot mit 18 großen Panoramafenstern unter der Wasseroberfläche unternimmt täglich mehrere Fahrten zu Korallenriffen vor der Küste. *Tel. 069/366 13 93 und 069/366 18 68 | Ticket 25 Euro pro Person*

SINAI XTREME PARK

Hier können Sie aktiv werden: Bungeejumping, Saltotrampolin, Sandsurfing, Paintballwettkämpfe und andere Attraktionen; Restaurant (€€), tagsüber Kinderbetreuung. *Peace Road, neben der Einfahrt zum Hyatt Regency Hotel | Tel. 010/669 69 68 | tgl. 14–2 Uhr*

▮ AM ABEND ▮▮▮▮▮▮

Fast alle Hotels in Sharm El-Sheikh betreiben eigene Bars und Diskotheken. Besonders populär ist die ⚹ *Mojo Lounge* im Iberotel Lido (*Naama Bay | tgl. 12–3 Uhr*), deren Chilloutmusik hervorragend zum Panoramablick über die Bucht passt. Der Pub der ▶▶ *Camel Bar* des gleichnamigen Hotels ist fast immer voll, von ihrer eleganten ⚹ Dachterrasse schaut man hinunter auf die Naama-Bay-Promenade (*tgl. 12–3 Uhr*). Im *Hard Rock Café* ist täglich ab Mitternacht Disko angesagt (oft überfüllt!): *Naama Bay | tgl. 13–3 Uhr | Eintritt 35 £E inklusive eines Getränks.* Außerdem gibt es im Ort drei Spielkasinos.

Der Nabq-Nationalpark ist das größte Naturreservat Ägyptens

FANTASIA ALF LEILA WA LEILA

Hier gibts die volle Dosis Kitsch: Ein Abend in diesem Themenpark bietet ein üppiges marokkanisches Dinner, beduinische Livemusik, eine pharaonische Sound-and-Light-Show (sonntags auf Deutsch), orientalischen Bauchtanz, Reiterartistik, Sufi-Tänze, alles im Preis inbegriffen. *El-Hadaba | tgl. ab 19 Uhr Show | Eintritt 30 US$*

LITTLE BUDDHA ▶▶ *Inside Tipp*

Sushi-Bar und Dancefloor im Ableger des Pariser Klubs gleichen Namens. *Naama Bay | im Naama Bay Hotel | www.littlebuddha-sharm.com*

PACHA ≋ ▶▶

Das Clubbingimperium besteht aus dem *Pacha Nightclub* mit House Nation Partys, dem *Pacha Boat* und dem *Echo Temple* für Openair-Großevents vor Felskulisse 7 km draußen in der Wüste. *Naama Bay | im Sanafir Hotel | www.sharmevents.com* *Inside Tipp*

■ ZIELE IN DER UMGEBUNG ■

NABQ-NATIONALPARK ★ [115 E4–5]

Ein schöner Tagesausflug führt zu den nördlichsten Mangrovenhainen der Welt, in das mit 600 km² größte Naturreservat Ägyptens. Die Mangroven stehen in Meerwassersümpfen am Ufer, ihre Wurzeln können das Salzwasser filtern. Nicht verarbeitetes Salz wird ausgeschieden. Das gesamte Areal mit seinen bizarren Felsen, Dünen und dem außergewöhnlichen Artenreichtum an Pflanzen ist in faszinierende Farben getaucht. Mit etwas Glück kann man Gazellen, Nubische Steinböcke, Falken und Störche sehen. Die Tour in das Reservat 35 km nördlich von Sharm El-Sheikh sollte nur mit Allradantrieb und ortskundigem Führer unternommen werden.

RAS MOHAMMED ★ [115 E6]

3 km weit ragt die schmale Halbinsel ins Rote Meer. Sie besteht aus fossilen Korallen, die an die Oberfläche gedrückt wurden. Bis zum Fuß des sogenannten ✹ *Shark's Observatory* an der Spitze der Halbinsel, ei-

nem 50 m hohen Felsen, gelangen Sie problemlos mit einem normalen PKW. Von oben haben Sie einen wunderbaren Blick auf die Riffe im glasklaren Wasser und können mit etwas Glück Haie beobachten. An den Stränden westlich des Felsens darf gebadet werden. Das gesamte Areal gehört zu einem Nationalpark, an dessen südöstlicher Seite sich eine Mangroveninsel befindet. Die Wege durch den Park sind farblich markiert. Das nützt Ihnen allerdings wenig, wenn Sie es nicht schaffen, im *Visitor Centre* im Norden in der Nähe der Haupteingangs eine der nicht immer ausreichend vorhandenen Broschüren zu ergattern. Diese enthalten die entsprechenden Wegekarten. Leider organisieren etliche Veranstalter in Sharm El-Sheikh den Tagesausflug zum Ras Mohammed nur als eine Art Pflichtprogramm. Verlassen Sie sich also nicht unbedingt darauf, dass Sie dann mehr als nur die Hauptattraktionen, wenn überhaupt, gezeigt bekommen. Besser ist es, Sie mieten sich ein Taxi für den ganzen Tag, inklusive eines beduinischen

Fahrers, der den Park einigermaßen kennt.

In dem Nationalpark, der nicht nur die Halbinsel umfasst, werden fünf verschiedene Ökosysteme geschützt: Wüste, Korallenriffe, Küstenbereiche, flache Lagunen sowie das offene Meer. Am bekanntesten sind die dem Ras Mohammed vorgelagerten Riffe, die zu den schönsten in der Gegend um Sharm El-Sheikh gehören. Vom *Shark's Observatory* aus kann man gut erkennen, wie die Korallenformationen zu kleinen Bergplateaus im Wasser vom Meeresgrund aus nach oben wachsen. Die ersten 97 km^2 des Parks wurden 1983 zum Naturschutzgebiet erklärt, inzwischen wird eine Fläche von 480 km^2 geschützt. Der Hauptstrand, der sogenannte *Main Beach* westlich des Felsens, ist freitags und samstags oft überfüllt. An anderen Wochentagen müssen Sie ihn mit etwas Glück mit nur wenigen Besuchern teilen. Das Baden ist aus Naturschutzgründen nur an seiner linken Seite erlaubt. Eine dezente Absperrung markiert den erlaubten Bereich. An seinem Ende

> NATURWUNDER IN GEFAHR
Der Ferientrubel hat etliche Korallenriffe ruiniert

Schätzungsweise 1500 km Riffe besitzt der ägyptische Teil des Roten Meers, mindestens 1000 Fisch- und 250 Korallenarten leben hier: ein eindrucksvolles Biotop – und ein bedrohtes, denn alle Arten hängen in einem Ernährungskreislauf voneinander ab. Wer einer schadet, schadet allen. In den Riffen zu ankern, ist verboten, ebenso das Mitführen von Harpunen. Gern locken die Tauch- oder

Schnorchelguides für ihre Kundschaft Fische durch Füttern an. Auch das ist untersagt. Kritisieren Sie die Guides notfalls so deutlich, dass die befürchten müssen, Kundschaft zu verlieren. Berühren Sie die Riffe nicht, und brechen Sie keine Stücke heraus! Wer mit Muscheln, Korallen, Fossilien und ähnlichen Souvenirs erwischt wird, kann bestraft werden.

trifft die kleine Bucht auf die offene See. Hier wird gern geschnorchelt, weil an dieser Stelle der Meeresgrund schroff in die Tiefe abfällt. Achten Sie unbedingt auf eventuelle Strömungen!

Zwischen dem Main Beach und dem Shark's Observatory befindet sich in einer malerischen Felsenbucht der kleine *Observatory Beach.* Im gesamten Park gibt es überhaupt mehrere schöner Bilderbuchstrände. Die meisten eignen sich hervorragend dazu, dem Massenbetrieb an Sharm El-Sheikhs Hotelstränden für einen Tag zu entfliehen. In den Broschüren aus dem Visitor Centre, sofern erhältlich, sind sie eingezeichnet, inklusive besonderer Markierungen für die Stellen, an denen sich das

Am Ende des Hauptstrands von Ras Mohammed wird geschnorchelt

Schnorcheln lohnt. Bitte hinterlassen Sie so wenig wie möglich Spuren! Nehmen Sie Ihren Müll mit zurück ins Hotel, und fahren Sie mit dem Auto nur auf den dafür vorgesehenen Wegen! *20 km südlich von Sharm El-Sheikh | tgl. von Sonnenauf- bis Sonnenuntergang | Eintritt 5 US$ | PKW 5 £E*

TABA

[115 F1] Die kleine Grenzsiedlung besitzt wenig Sehenswertes. Einige schöne Hotels warten in völliger Abgeschiedenheit auf Gäste, die für ihr Kommen allerdings mit einem großartigen Landschaftserlebnis belohnt werden. International bekannt wurde Taba wiederholt durch Friedensgespräche zwischen Palästinensern und Israelis, die im Hotel Taba Hilton stattfanden.

▮ ESSEN & TRINKEN ▮

Die wenigen Restaurants der Gegend finden Sie vorwiegend in den Hotels. Das *Tuscany* im *Taba Heights Marriott Resort* bietet ausgezeichnete italienische Küche *(Tel. 069/358 01 00 | tgl. 18–23 Uhr | €€€).* Im künstlichen Ortskern gibt es mehrere Restaurants und Cafés, unter ihnen das hervorragende Fischrestaurant *Flying Carpet (Tel. 069/358 00 99 | tgl. 18–24 Uhr | €€)* oder die *Bar Paul* mit großer Terrasse daneben *(tgl. 15–24 Uhr).* Auch das *Sea Club Restaurant* bietet ausgezeichneten Fisch, Steak- und Nudelgerichte. Da aus Umweltschutzgründen das Fischen im Golf von Aqaba eingeschränkt wurde, holt das Restaurant den Frischfisch im eigenen Kühlwagen vom Mittelmeer *(im Waterworld | Tel. 069/358 00 99 |*

Inside Tipp

tgl. 8–17, im Sommer bis 18 Uhr | €–€€).

ÜBERNACHTEN

SALAH EL-DIN RESORT

Mittelklassehotel mit Bilderbuchkulisse: Der Swimmingpool, der Golf von Aqaba und die nahe Pharaoneninsel verschmelzen zu einem malerischen Ensemble. *114 Zi. | Geziret Al-Fara'un | Tel. 069/353 03 40 | Fax 353 03 43 | www.misrsinaitours.com/taba.html | €€*

TABA HEIGHTS 🌊

Nach dem Vorbild von El-Gouna wurden mehrere elegante Luxusresorts internationaler Ketten (u. a. Marriott, Hyatt Regency, Sofitel) um einen künstlichen Ortskern gruppiert. *20 km südlich von Taba | www.tabaheights.com | €€€*

TOBYA BOUTIQUE HOTEL ❄

Schöne, verspielt gestaltete Zimmer, fast immer mit Blick auf den Golf. Pool und eigener Strand vor Bergpanorama. *91 Zi. | 2 km vor der israelischen Grenze | Tel. 069/353 02 75 | Fax 353 02 69 | www.tobyaboutiquehotel.com | €€*

FREIZEIT & SPORT

WATERWORLD

Wassersportzentrum mit großem Angebot auf hohem professionellem Niveau: Tauchen inklusive Ausrüstungsverleih und Touren, außerdem Kreuzfahrten mit Segelyachten, Wasserski, Windsurfen etc. *Südlich der Taba Heights | tgl. 8–17, im Sommer bis 18 Uhr | www.redseawaterworld.com*

ZIELE IN DER UMGEBUNG

EILAT   [115 F1]

Tagesausflüge in den israelischen Ferienort sind problemlos möglich. Dort können Sie mit Delphinen am *Dolphin Reef* schwimmen *(www.dolphinreef.co.il)*, im *Underwater Observatory* 6 m unter die Wasseroberfläche hinabsteigen *(www.coralworld.com/eilat/eng)* oder einfach bei Sonnenuntergang auf einer Restaurantterrasse den herrlichen Blick auf den Golf von Aqaba genießen. Bei der Rückkehr erhebt Ägypten eine Einreisesteuer von 30 £E. Wichtig: ein ägyptisches Wiedereinreise-(Re-entry-) bzw. ein Mehrfachvisum! Erkundigen Sie sich vorher am Grenzübergang oder beim Reiseveranstalter! Bei der Ausreise verlangt Israel eine Steuer von knapp 30 Euro. Der Grenzübergang ist an manchen Feiertagen geschlossen. Zwischen der Grenze und Eilat fahren Stadtbusse und Taxis.

THE FJORD (MARSA MURAKH) ★   [115 F1]

Die schönste Bucht Ägyptens steht unter Naturschutz. Ideal zum Baden im türkisblauen Wasser und zum Sonnen. Einfache ❄ Freiluftcafeteria an der Straße mit grandioser Aussicht und überteuerten Getränken. *15 km südlich von Taba*

Insider Tipp

GEZIRET AL-FARA'UN ★   [115 F1]

1115 bauten Kreuzritter die malerische Burg auf der Insel Geziret al-Fara'un, der Pharaoneninsel, 55 Jahre später wurde sie von Salah al-Din (Saladin) erobert. *10 km südlich von Taba | Überfahrt vom Salah El-Din Resort 20 £E | Eintritt 20 £E*

> HEILIGES LAND IN EINER MAJESTÄTISCHEN BERGWELT

Wo Gott einst zu Moses sprach, pilgern heute Menschen aus aller Welt zum Katharinenkloster und durch eine wahrhaft biblische Landschaft

> Wer vom ägyptischen Festland zur Sinai-Halbinsel fährt, passiert den Ahmed-Hamdi-Tunnel unter dem Suezkanal – und befindet sich danach nicht mehr in Afrika, sondern in Asien. Wie ein dreieckiger Keil schiebt sich die Halbinsel zwischen die Kontinente.

Die Küstenstraße Richtung Sharm El-Sheikh am Golf von Suez entlang bietet wenig Sehenswertes, einige Strandhotels in schöner Lage warten auf Badeurlauber. Aber 200 km südlich des Tunnels führt eine Straße nach Osten ins Innere der Halbinsel – mitten hinein in eine faszinierende Bergwelt.

Diese Felsenlandschaft hat den Sinai berühmt gemacht, wie auch die Vermutung, dass die mehreren Tausend Israeliten, geführt vom Propheten Moses, während ihres Zugs von Ägypten ins Gelobte Land hier entlanggekommen sein könnten. 60 km im Landesinnern folgt das Wadi Fei-

Bild: Katharinenkloster

WEST- UND ZENTRALSINAI

ran, die größte Oase im Südsinai, und nach weiteren 60 km der  Gebel Musa, der 2285 m hohe Mosesberg, auf dem der Prophet die Zehn Gebote empfangen haben soll. Besonders bei Sonnenaufgang wird er zum Ziel von Pilgern und Touristen.

Die gesamte Gegend im Westen und in der Mitte der Halbinsel gilt zusammen mit dem Areal um das Antonius- und das Pauluskloster als Geburtstätte des christlichen Mönchswesens. Während der Zeit der frühen Christenverfolgung durch die Römer, vermutlich im 1. und 2. Jh. n. Chr., ließen sich hier fromme Einsiedler nieder. Anfangs wohnten sie in Höhlen und wurden von Anhängern aufgesucht, von denen sich einige ebenfalls hier niederließen. Spuren der Besiedlung durch Eremiten wurden z. B. in der Gegend um die heutige Provinzhauptstadt Al-Tur am Golf von Suez gefunden.

Bald schon versammelten sich die Einsiedler an Samstagen und Sonntagen und errichteten einfache Zweckbauten, etwa im Wadi Al-Awag, 9 km nördlich von Al-Tur. Aus Siedlungen dieser Art entstanden die ersten Klöster.

Das griechisch-orthodoxe Katharinenkloster am Fuß des Bergs, dort, wo Gott aus dem brennenden Dornbusch zu Moses sprach, ist die

Für die Mönche beginnt der Tag früh

Hauptattraktion der Halbinsel. Für Juden, Christen und Muslime, die Moses ebenfalls als Propheten verehren, ist das gesamte Areal heiliges Land. Die Unesco hat es 2002 zum Welterbe erklärt.

Das Gebiet gehört zu einem Nationalpark, dem *St. Catherine Wildlife Protectorate (www.stkparks.gov.eg),* der 20 Prozent der Fläche des Südsinai umfasst. Mit diesem Parkprojekt möchte man den Artenreichtum der Flora und Fauna bewahren, die schädlichen Einflüsse des Tourismus minimieren und die alte Kultur der

etwa 7000 ortsansässigen Beduinen schützen. 4000 von ihnen gehören zum Stamm der Gebalaya, vermutlich Nachfahren von Mazedoniern, die im 6. Jh. als Schutztruppe des Klosters hier angesiedelt wurden. Die EU unterstützte den Nationalpark bislang mit 6 Mio. Euro.

Das gesamte Gebiet eignet sich hervorragend für ein- oder mehrtägige Wander-, Kamel- oder Jeeptouren, die Sie aber in jedem Fall besser mit einem ortskundigen Führer unternehmen sollten. Unvergessliche Erlebnisse sind die Abende beim *Magaad,* dem traditionellen Beisammensein der Beduinen am Lagerfeuer bei Tee mit *Habak,* einem minzeähnlichen Kraut vom Sinai. Empfehlenswert: Schlafsack, ausreichend Verpflegung und Trinkwasser, festes Schuhwerk und Sonnenschutz sowie wärmere Kleidung im Winter.

KATHARINEN-KLOSTER

[115 D4] Knapp 5 km unterhalb des Klosters liegt der kleine Ort Al-Migla, auch St. Katrien genannt. Hier befinden sich die Hotels, einige Geschäfte sowie das *Visitor Centre.* Die meisten Ausflüge in die Umgebung müssen bei den Behörden angemeldet und genehmigt werden. Das übernimmt Ihr Hotel oder Ihr Beduinenführer. Führen Sie unterwegs immer Ihren Reisepass mit!

■ SEHENSWERTES ■

KATHARINENKLOSTER ★

Während die vielen Besucher, unter ihnen Pilger aus aller Welt, nichts

Biblisches an diesem Ort verpassen wollen, suchen die gut 20 Mönche des Klosters ein weltabgewandtes, asketisches Leben, das sie ganz Gott widmen möchten, in Einsamkeit und ohne Trubel. Der Interessenkonflikt könnte größer nicht sein. Das Kloster öffnet für knapp drei Stunden pro Tag seine Pforte den Pilgern, zu denen sich Heerscharen an Touristen gesellen. An manchen Tagen kommen über 1000 Menschen. Die explosionsartige Zunahme der Besucherzahlen sei, so Erzbischof Damianos, ein unlösbares Dilemma. Dabei ist nur ein kleiner Teil des Komplexes öffentlich zugänglich.

Am Katharinenkloster beginnt der Aufstieg zum Mosesberg (Gebel Musa)

Das Katharinenkloster ist die kleinste Diözese der Welt und gleichzeitig die weltweit älteste noch bewohnte Mönchssiedlung. Der römische Kaiser Justinian ließ das Kloster vor über 1400 Jahren errichten, nachdem bereits Jahrhunderte zuvor hier Gruppen frommer Einsiedler lebten. Diese besaßen eine Kapelle, die im Jahr 330 der zum Christentum konvertierten römischen Kaiser Konstantin gestiftet hatte, aber erst 200 Jahre später wurde das Areal dann im Auftrag Justinians mit einer Schutzmauer befestigt. Seinen Namen verdankt das Kloster der heiligen Katharina aus Alexandria, die Anfang des 4. Jhs. während der Christenverfolgung getötet wurde. Engel sollen ihre Gebeine auf den Gebel Katrien (2642 m), den höchsten Berg auf dem Sinai, gebracht haben, wo sie von Mönchen gefunden wurden. Noch heute holen die Mönche zur Andacht die skelettierte Hand der Katharina, mit Ringen und Silberarmbändern geschmückt, hervor.

Verschiedene Schutzbriefe versprachen den Mönchen jahrhundertelang Sicherheit, darunter ein Brief des Propheten Mohammed. Eine Kopie des Originals, dessen Echtheit bislang nicht eindeutig bewiesen ist, hängt im Eingangsbereich. Höhe-

MARCO POLO HIGHLIGHTS

⭐ **Katharinenkloster**
Das älteste ununterbrochen bewohnte Kloster der Christenheit
(Seite 50)

⭐ **Gebel Fuga**
Ein faszinierender Wald aus stehenden Lavasäulen bildet den *Forest of Pillars*
(Seite 57)

⭐ **Gebel Musa**
Der Berg ist Juden, Christen und Muslimen heilig. Moses, Prophet aller drei Religionen, soll hier die Zehn Gebote empfangen haben (Seite 55)

⭐ **Gebel Katrien**
Der höchste Berg der Halbinsel
(Seite 55)

punkt des Klosterbesuchs ist die byzantinische Basilika, geschmückt mit Kronleuchtern, Kerzenständern, Bildnissen, Holzarbeiten und Mosaiken. Ein *Museum (Eintritt 20 £E)* zeigt wertvolle Bibeln und eine Auswahl der über 2000 Ikonen, die das Kloster zu einer der weltweit wichtigsten christlichen Ikonensammlungen machen. Gegenüber dem Eingang zur Vorhalle befindet sich der Mosesbrunnen, wo Moses angeblich seine Frau Zippora getroffen haben soll. Die Dornbuschkapelle an der Nordseite der Basilika ist die meiste Zeit über nicht zugänglich. Hier soll sich der brennende Dornbusch ursprünglich befunden haben. Später wurde er nach außen vor die Kapelle verpflanzt, wo heute ein Brombeerbusch gepflegt wird.

Ebenfalls nicht zugänglich ist die Klosterbibliothek, die neben dem Vatikan die weltweit wertvollste Sammlung christlich-religiöser Manuskripte besitzt, darunter eine Kopie des Codex Sinaiticus, des ältesten Neuen Testaments. Die 407 beschriebenen Ziegenhautseiten des Originals bewahrt die Londoner British Library auf.

Im Kloster befindet sich außerdem eine Moschee, die um das Jahr 1106 entstand, um einen fatimidischen Kalifen zu beschwichtigen – welchen, das ist bis heute umstritten.

■■ ESSEN & TRINKEN ■■■■

Neben den Hotelrestaurants gibt es im Ortskern von Al-Migla kleine Imbisse. In der Cafeteria *Al Banorama (€)*, laut Visitenkarte „Rostoran & Kovechop", gibt es gegrilltes Hähnchen, Pizza, Suppen und Nudelgerichte. Ein ähnliches Speiseangebot haben das *Katrien Resthouse* und die *Kafeteria Ikhlas (beide unweit der Moschee | €)*.

> BÜCHER & FILME
Wüste und Meer

> **Die Wüste** – In diesem Tagebuch schildert Pierre Loti spannend, lebendig und reich an Details eine vierwöchige Reise durch den Sinai, die er 1874 unternahm, eine faszinierende Begegnung mit Land und Leuten.

> **Sinai. Reflexionen aus der Stille** – ein faszinierender Bildband von Andrlik/Bayer/Lueger über die Beduinen und die Landschaft der Halbinsel inklusive einfühlsamer Texte.

> **Korallen und Wüsten** – Kein Buch stimmt so gut auf das Rote Meer ein wie dieses von Gianni Guadalupi und Giorgio Mesturini.

> **Der Jakubijan-Bau** – Alaa Al-Aswanis gesellschaftskritischer Roman beschreibt das Ägypten von heute schonungslos: Korruption, islamistischer Extremismus, Ehebruch, Homosexualität und politische Repressionen. „Der Spiegel" nennt den Roman „eine Sensation". Die Verfilmung erschien in Ägypten auf DVD mit deutschen Untertiteln.

> **Chicago** – Auch Al-Aswanis zweiter Roman wurde ein Bestseller und erschien 2008 auf Deutsch.

■ EINKAUFEN ■

FANSINA

Die bemerkenswerte Kooperative von mehr als 300 Beduinenfrauen aus der Gegend stellt hübsche Kissenbezüge, Taschen, Zuckersäckchen, Schmuck und andere Dinge. in traditionellem Stil her. Die Frauen unter der Leitung von Selima Gebaly arbeiten auch mit internationalen Designern wie der deutschen Modegestalterin Susanne Kümpers. *Tgl. 9–15 Uhr | Al-Migla | fansina@sinai net.com.eg*

■ ÜBERNACHTEN ■

AL-KARM ECOLODGE

Diese einfache, ökologische Beduinenherberge, deren Name Garten bedeutet, ist ein Schmuckstück. Eine 300 Jahre alte Siedlung der Gebalaya-Beduinen wurde mit Hilfe von Oliver Seddnaoui, einem französischen Spezialisten für Ecolodges, umgebaut, erhielt solar erhitztes Warmwasser, kompostierende Toiletten sowie Bettzeug, das von Beduinenfrauen gestaltet wurde. Traumhaft ist die abgeschiedene Lage inmitten der Bergwelt, 20 km von Al-Migla entfernt; es gibt keinen Strom, kein Telefon. Die Gäste kochen selber oder essen mit den Beduinen und können mit ihnen auch preisgünstige Touren unternehmen. Ein Schlafsack ist empfehlenswert. *6 Zi. für mindestens 20 Pers. | Wadi Gharba, Siedlung Sheikh Auwaad, nahe dem Dorf Tarfa (von Al-Migla Richtung Wadi Feiran). Kontakt über Tel. 010/132 46 93 oder über das Nationalparkbüro | Tel. 069/347 00 32 | nützliche Infos unter www.geociti ties.com/desertmoh/alkarm.htm | €*

CATHERINE PLAZA

Nicht das romantischste, aber das beste Hotel am Ort. Klimatisierte Zimmer in rötlichen Granitsteinbau-

Mehr als 2000 Ikonen beherbergt das Katharinenkloster

ten, mit TV und Bad. Der kleine Swimmingpool ist im Winter beheizt. Restaurants, Bar. *147 Zi. | Tel. 069/ 347 02 89 | Fax 347 02 92 | www.cit-eg.com/htm/hotels.htm | €€ – €€€*

FOX OF THE DESERT CAMP

Die Beduinen Soliman und Farrag El Gelaby betreiben das einfache, billige Camp, besorgen fachmännisch und zuverlässig Genehmigungen für entlegene Touren und bieten preisgünstige Insidersafaris an. Schlafsack mitbringen! *24 Zi. | Tel. 069/347 03 44 | Fax 347 00 34 | €*

GUESTHOUSE
ST. CATHERINE

Die fast schon legendäre Herberge direkt am Kloster wurde vor einigen Jahren modernisiert. Einfache Zimmer mit eigenem Bad. *52 Zi. | Tel./ Fax 069/347 03 53 | €€*

des Nationalparks. Eine Institution im Ort ist *Sheikh Musa (Mountain Tours Office | Tel. 069/347 04 57 und 347 04 25).* Er hat alle Infos, besorgt Beduinenführer und Genehmigungen.

■ ZIELE IN DER UMGEBUNG
GEBEL ABBAS
PASHA ✺   [115 D4]

Auf dem 2383 m hohen Berg wollte 1853 der an Tuberkulose erkrankte

Das Guesthouse St. Catherine, eine einfache Herberge direkt beim Kloster

■ AUSKUNFT

Das hervorragende neue *Visitor Centre (Al-Migla | Hauptstraße am Ortseingang | Eintritt 20 £E)* erläutert in sieben kleinen Steinhäuschen, die lokaler Nabatäer-Architektur nachempfunden sind, Flora, Fauna, Geologie und die Besiedlungsgeschichte

ägyptische Vizekönig Abbas Hilmi I. eine Villa in klarer Höhenluft bauen. Sie blieb unvollendet. Die Wanderung dauert neun Stunden, führt durch eine ==spektakuläre Pflanzen- und Bergwelt,== vorbei am Felsen der Heiratsanträge und an einem uralten Maulbeerbaum.

Insider Tipp

> **www.marcopolo.de/rotesmeer-sinai**

GEBEL KATRIEN ⭐ ☼ [115 D4]

Für den Aufstieg auf den mit 2642 m höchsten Berg des Sinai reicht ein Tag kaum aus, besser sind zwei, mit Beduinenführer, Übernachtung und Lagerfeuer. Belohnt wird die anstrengende Wanderung mit einem atemberaubenden Fernblick. *6 km südwestlich des Gebel Musa*

GEBEL MUSA ⭐ ☼ [115 D4]

Der Sonnenaufgang auf dem 2285 m hohen Berg gehört zu den schönsten Erlebnissen einer Sinaireise. Die dreistündige Wanderung ist anstrengend, aber einfach zu organisieren: ab Mitternacht bieten beduinische Führer am Katharinenkloster ihre Dienste an *(ab 50 £E, Taschenlampe mitbringen!)*.

WADI FEIRAN [114 C3]

In dem Tal, durch das die Asphaltstraße von der Westküste des Sinai zum Katharinenkloster führt, befindet sich die größte Oase der Sinai-Halbinsel. Auf einer Länge von ungefähr 10 km fahren Sie durch Palmenhaine sowie an den Gärten und Stein- bzw. Betonbauten der ortsansässigen Beduinen vorbei. Ein kleines Nonnenkloster erinnert heute noch an die einstige Bedeutung der Oase. In der christlichen Überlieferung spielt sie verschiedentlich eine Rolle, es könnte sich, so meinen einige Historiker, um das biblische Refidim handeln. Zum Beispiel soll Moses in ihrer Nähe mit einem Stab Wasser aus einem Felsen geschlagen haben. Die Beduinen schreiben dieses biblische Wunder heute noch einem Felsen zu, der sich westlich der Oase befindet, wenige Kilometer vor der Abfahrt zum Wadi Mukattab. Mit dessen frischem Wasser gestärkt soll Moses seine Leute in die Schlacht gegen die Amalekiter geführt haben, die sich unweit des Bergs Tahuna zugetragen haben könnte. An seinen Hängen befinden sich die Ruinen einer kleinen Kirche. Erreichbar ist der Gebel Tahuna nach einer einstündigen Wanderung von der Hauptstraße Richtung Norden. Auch hier erinnert ein kleines Nonnenkloster an die biblische Vergangenheit. *60 km westlich*

WADI MUKATTAB / WADI MAGHARA [114 C3]

Im Tal der Inschriften, wie der Name Wadi Mukattab übersetzt lautet, befinden sich auf einer Länge von mehreren Kilometern Bilder und Texte, die in die Felsen geritzt wurden. Sie stammen aus nabatäischer, römischer und byzantinischer Zeit. Vom Wadi Mukattab gelangen Sie in nordwestlicher Richtung zum Wadi Maghara. Auf halber Strecke passieren Sie das

>LOW BUDGET

> Ein Ausflug nach Kairo kostet hin und zurück nur insgesamt fünf bis zehn Euro, wenn Sie den Linienbus nach Kairo nehmen. Mehrmals täglich fährt einer von den Orten an der Sinai-Westküste.

> In der Provinzstadt Al-Tur am Südwestzipfel des Sinai, abseits von Trubel und gepfefferten Preisen, lohnt es sich unbedingt, nach Beachhotel- und Windsurfdiscounts zu fragen. Infos unter *www.oceansource.net* sowie *www.ibiandfriends.com*

Grab von Sheikh Soliman. Im Wadi Maghara bzw. in einer kleinen Seitenschlucht mit dem Namen Wadi Qenaia zeugen Überreste einer Siedlung vom Türkisabbau, der hier vor über 4500 Jahren betrieben wurde. Zu den in den Fels gehauenen Minen

Beliebt bei Surfern: Ras Sudr

müssen Sie zu Fuß den Osthang des Gebel Maghara hinaufsteigen. Hier befindet sich auch ein Felsrelief, das Pharao Sechemchet (um 2600 v. Chr.) zeigt. Neben ihm kämpfen seine Getreuen gegen die Sinaibewohner.

Sofern es Ihre Zeit erlaubt, können Sie vom Wadi Maghara aus die Rundfahrt Richtung Nordwesten zum Gebel Fuga (3 Std.) und von

dort weiter zu den Minen von Serabit Al-Khadem (1 Std.) fortsetzen. *Etwa 6 km nördlich der Straße, die vom Golf von Suez zum Katharinenkloster führt. Der Abzweig zum Wadi Mukattab befindet sich 25 km westlich der Oase Feiran.*

RAS SUDR

[114 A1] Der Ort 60 km südlich des Ahmed-Hamdi-Tunnels und 85 km nördlich von Abu Zenima hat keine Sehenswürdigkeiten, aber ein Urlaub an seinen schönen Stränden hat einen großen Vorteil: Sowohl Kairo als auch die Bergwelt des Sinai sind nur zwei bis drei Autostunden entfernt. Sie können problemlos Ausflüge in die ägyptische Metropole wie auch in den Zentralsinai unternehmen. Der gesamte Küstenstreifen bietet ideale Bedingungen für Windsurfer.

■ ÜBERNACHTEN ■

MOON BEACH RETREAT

Insider Tip

Beliebt bei jungen Ausländern, die in Kairo leben, vor allem wegen der Lage am einsamen Strand. Ideal für Windsurfer, Anfänger wie Fortgeschrittene. Mit Geräteverleih. *70 Zi. | 40 km südlich von Ras Sudr | Tel. 010/581 00 88 | www.moonbeachretreat.com | €€*

ROYAL BEACH RESORT

Sympathisches, kinderfreundliches Beachresort in schöner Gartenanlage, mit feinem Sandstrand, Pool und kleiner Marina. Klimatisierte Zimmer mit TV, Balkon oder Terrasse. Sehr gutes Freizeitangebot: Wassersport, Pferdereiten, Tennis sowie Fußball auf Spielfeld in Originalgröße mit Rasen u. a. *73 Zi. | Tel. 069/ 340 01 01 | Fax 340 01 08 | €€*

■ ZIELE IN DER UMGEBUNG ■

GEBEL FUGA ⭐ ❀ [115 D2–3]

Stehende Lavasäulen bilden einen eindrucksvollen Säulenwald, den *Forest of Pillars*. Diese auf dem Sinai einmalige geologische Besonderheit erreichen Sie am besten über die einstige Türkismine *Serabit Al-Khadem*. Die Entstehung der Säulen ist immer noch umstritten. Sie sind über 1 Mio. Jahre alt. Möglicherweise befand sich der Sinai damals an dieser Stelle unter der Meeresoberfläche, und die aus dem Meeresboden austretende Lava erstarrte im Wasser zu Magmasäulen. *80 km östlich von Abu Zenima*

HAMMAM FARA'UN [114 B2]

Im Bad des Pharao treten heiße Schwefelquellen aus den Felsen, sammeln sich in einer Grotte oder fließen direkt ins Meer. Die Beduinen schwören auf ihre lindernde Wirkung bei Rheuma. *50 km südlich von Ras Sudr, Zugang zum Strand bis etwa 18 Uhr*

SERABIT AL-KHADEM ❀ [114 C2]

In den Minen förderten die Pharaonen ein Mineral, das für sie ein Symbol des Lebens war: den Edelstein Türkis. Während der 12. Dynastie, vor knapp 4000 Jahren, wurde hier auch Kupfererz abgebaut. In dieser Zeit entstanden Teile eines Tempels, der der Göttin Hathor gewidmet war und später erweitert wurde. Zu sehen sind seine Ruinen, Stelen mit Inschriften. Die Reste dieses einzigen bekannten pharaonischen Tempels auf dem Sinai, so wie sie heute noch besichtigt werden können, entstammen überwiegend der Zeit des Neuen Reichs, sind also höchstens 3500 Jahre alt. An den Tempelwänden sind die Namen von 387 jener Männer verewigt, die die pharaonischen Expeditionen zur Ausbeutung der Minen leiteten. Das gesamte Gelände begeisterte Wissenschaftler in den letzten Jahren immer wieder mit eindrucksvollen Zeugnissen von der sehr frühen Besiedlung und Nutzbarmachung der Sinai-Halbinsel. Bereits 1906 wurden hier seltsame geritzte Zeichnungen entdeckt, die später als eine der ersten semitischen Formen eines Alphabets identifiziert wurden. Die Schriftform wird als protosinaitisch bezeichnet. Viele Stollen- und Tunnelwände sind mit Flachreliefs und Inschriften verziert, die einen religiösen Zweck erfüllen und beweisen, dass die Bergwerksarbeiter wie auch die Abgesandten der pharaonischen Herrscher aus dem Niltal ähnliche Kulte betrieben. Vermutlich wurde die Arbeit in den Minen nicht von Sklaven verrichtet, sondern von semitischen Halbnomaden aus der Gegend um Serabit Al-Khadem, die man saisonal anwarb. Erst kürzlich stellte die ägyptische Antikenverwaltung 12 Mio. £E für die Sanierung des Geländes bereit. Unter anderem soll von dem Geld eine Asphaltstraße gebaut werden, die die Minen und den Tempel auch für Touristenbusse erreichbar machen. Bislang war ein geländegängiger Wagen nötig. Der Weg auf das 850 m hohe Plateau beginnt 2 km südlich der Tankstelle in Abu Zenima.

> FROMME EINSIEDLER UND REICHE GROSSSTÄDTER

Das Refugium wohlhabender Kairener ist der ideale Ausgangspunkt für Touren nach Kairo, zu den Städten am Suezkanal und ins älteste Kloster Ägyptens

> Verglichen mit der Gegend um Hurghada ist der gesamte Küstenstreifen zwischen Suez und El-Gouna nur spärlich touristisch entwickelt. Die Strände aber sind nicht weniger schön, und so entstehen auch hier mehr und mehr Hotels und Resorts, besonders in der Gegend um 'Ain Sukhna, rund 55 km südlich von Suez. Die fast stündlich fahrenden Busse von Kairo nach Hurghada und umgekehrt passieren den kleinen Ort, der eigentlich kein richtiger Ort ist, son-

dern eine Ansammlung von fertigen und halb fertigen Ferienanlagen, kleinen Siedlungen, Villen, einem Containerhafen, der einer der größten im gesamten Nahen Osten ist, sowie kleinen Yachtanlegestellen – alles auf einer Länge von mehreren Dutzend Kilometern an der Küste.

Weiter südlich führt die Busfahrt auf einer gut ausgebauten Straße Richtung El-Gouna/Hurghada fast immer am Meer entlang, aber über-

Bild: Antoniuskloster

NÖRDLICH VON HURGHADA

wiegend durch eine eintönige Landschaft, vorbei an einsamen Militärposten und öden Siedlungen, gelegentlich aufgelockert durch reizvolle Blicke auf die Berge im Westen. Im Meer vor der Küste werden Erdgasfelder erschlossen, am Ufer entstehen die dazugehörigen Versorgungsposten für die Beschäftigten in der Förderindustrie. Rund 60 km südlich von 'Ain Sukhna befindet sich Zaafarana.

'AIN SUKHNA

[113 A5] **Der Ort verdankt seinen Namen einer heißen Schwefelquelle, die ihren Ursprung in den Bergen im Hinterland hat, aber nicht reizvoll ist.** Ganz und gar nicht ihretwegen wird die Gegend mehr und mehr touristisch erschlossen, sondern wegen ihrer Nähe zu Kairo. Die Strände haben einen guten Ruf, selbst einige Korallenriffe in Ufernähe gibt es, die sich zum

Schnorcheln eignen. Es sind Kaireer aus der Oberschicht und der oberen Mittelschicht, die sich hier Villen und Bungalows kaufen. Eine der besseren dieser Villenanlagen ist das ☀ La Siesta Mountain Resort mit wunderschönem Blick von einer Anhöhe über den Golf von Suez. Hier besitzen auch Europäer bereits

Zeit für eine Erfrischung nach dem Stadtbummel: Eiscafé in Ismailia

Immobilien, und es werden darüberhinaus Bungalows tageweise vermietet.

Seinem Reiz als Wochenendziel für hauptstädtische Badegäste verdankt 'Ain Sukhna, dass seine Hotels an ägyptischen Feiertagen oft laut und die Strände voll sind. Dafür können Touristen von hier aus aber zu bequemen Tagesausflügen nach Kairo aufbrechen. Die Fahrt dorthin dauert nur 90 Minuten. Es gibt in 'Ain Sukhna einige öffentliche bzw. unbewachte Strände, manchmal werden ein paar Pfund Eintritt verlangt. Der Zugang zu Stränden unweit der Hotels kann ab 20 £E aufwärts kosten, inklusive Sonnenschirm. Wegen der Nähe des Orts zum Antonius- und Pauluskloster bieten sich Ausflüge dorthin an. Leicht zu erreichen sind auch der Suezkanal sowie die Provinzstädte Suez und Ismailia (55 bzw. 140 km nördlich).

ESSEN & TRINKEN

Alle Hotels in der Gegend besitzen anständige bis bessere Restaurants. Außerhalb der Ferienanlagen gibt es allerdings kaum gute Gasthäuser.

BOUILLABAISSE

Insider Tipp

Restaurant mit leckeren Fischgerichten. Viele Durchreisende legen hier eine Rast ein. Tolle Fischsuppe, schöne Terrasse mit Blick auf einen Yachthafen. *Unweit des La Siesta Mountain Resort | tgl. 12–23 Uhr | €€*

ÜBERNACHTEN

PALMERA BEACH RESORT

Bei Sommerfrischlern aus Kairo besonders populär. Gut ausgestattete Zimmer, sieben Tennisplätze, davon vier mit Flutlicht, Pools mit Meeres- und Frischwasser, breites Freizeitangebot inklusive Windsurfen. *282 Zi. | Tel. 062/341 08 16 | Fax 341 08 25 | www.palmerabeachresort.com | €€*

STELLA DI MARE RESORT

Luxuriöse Ferienanlage am Strand, deren komfortable Zimmer mit Satelliten-TV alle entweder einen Balkon oder eine Terrasse besitzen. Mit Pool, Thalassotherapiecenter, Golfplatz und einem Yachthafen, wo Ausfahrten zum Fischen und Schnorcheln starten. *257 Zi. | Tel. 062/325 01 00 | Fax 325 00 01 | www.stelladimare. com | €€–€€€*

■■ ZIELE IN DER UMGEBUNG ■■

ISMAILIA ★ [113 A3]

Die 400 000 Einwohner zählende Provinzstadt verdankt ihre Existenz dem Suezkanal. Ein Teil ihrer Architektur erinnert noch an alte Kolonialzeiten, auch die Anlage der Grünflächen mit ihren Alleen und den Villengärten stammt aus jener Zeit. Sie brachte Ismailia den Beinamen „Garten Ägyptens" ein. Ein Bummel durch die Stadt eignet sich gut dazu, ein wenig vom wirklichen ägyptischen Alltag zu erleben – etwas, das den Touristen in den künstlich entstandenen Badeorten nicht möglich ist. Die meisten der Bewohner Ismailias leben in einfachen, engen Vierteln, an denen der Zahn der Zeit nagt, oder in tristen Neubaublocks. Als Tagesausflügler können Sie durch die Straßen im Zentrum bummeln, den alten Kolonialchic bewundern, die Geschäfte begutachten, von einem Kaffeehaus aus beim Tee die Menschen beobachten – und später in das *Ismailia Regional Museum (Sharia Salah Salem | Sa–Do 9–15 Uhr | Eintritt 10 £E)* gehen. Das kleine Haus zeigt mehr als 4000 Exponate aus pharaonischen und griechisch-römischen Zeiten, Stelen, Statuen und Skarabäen, und informiert über frühere Suezkanalbauten, die dem heutigen vorausgingen. Zu den empfehlenswerten Restaurants gehört das *Al-Gandool* mit frischen Fleisch- und Fischgerichten und das viel gelobte *George's* mit hervorragendem Fisch, Kebab und *Molokhiyya* mit Shrimps *(beide Sharia Sultan Hussein | €).* Ein Laden in der Nähe des *Al-Gandool* verleiht Fahrräder.

SUEZ [113 A4]

Der Ort selber (600 000 Ew.) lohnt einen Besuch nicht, wer Lust hat, kann hier aber etwas vom Geschehen am ★ Suezkanal erleben. Dazu müssen Sie sich in den Stadtteil *Port Taufiq* begeben, eine schmale Halbinsel, die sich in den Golf von Suez erstreckt und über die Straße Sharia Al-Geish erreichbar ist.

Von Juli 2004 bis April 2005 passierten 14 385 Hochseeschiffe den Kanal. Das sind knapp 50 Schiffe pro Tag, die hier gewissermaßen durch die Wüste gleiten – ein faszinieren-

MARCO POLO HIGHLIGHTS

★ Antonius- und Pauluskloster
Kirchen, Gassen und Gärten im ältesten und größten Kloster Ägyptens: Inmitten malerischer Berge leben und arbeiten heute noch Mönche (Seite 62)

★ Suezkanal
Der berühmteste Hochseeschifffahrtskanal der Welt (Seite 61)

★ Ismailia
Provinzstadt mit dem architektonischen Flair der Kolonialzeit (Seite 61)

der Anblick. Mehrmals in der jüngsten Zeit war der Kanal Schauplatz von Kriegen, während der Suezkrise 1956, während des Sechstagekriegs 1967 und während des Oktoberkriegs 1973. Von 1967 bis 1975 war er geschlossen.

Nach der erneuten Öffnung reichte seine Tiefe nicht mehr für die in der Zwischenzeit konstruierten Supertanker aus. Die Kanalverwaltung vertiefte die Fahrrinne, trotzdem muss bislang noch das Öl von großen Tankern vor der Einfahrt in den Kanal abgepumpt und durch Rohre zur Ausfahrt geleitet werden, wo es wieder aufgenommen wird. Die Durchfahrt dauert bis zu 20 Stunden – im Konvoi und nur in einer Richtung, denn sich begegnende Schiffe können einander nur an bestimmten Stellen ausweichen.

Zum Essen müssen Sie die Halbinsel Port Taufiq wieder Richtung Zentrum verlassen. Das *Dolphin Restaurant (Tariq al-Hurriyya | €)* und das *Abu Ali (Sharia al-Geish | €)* servieren gute Fischgerichte.

ZAAFARANA

[114 A2] Der kleine Ort besitzt außer einigen Kiosken und Cafeterien nichts Nennenswertes, bis vielleicht auf die Tatsache, dass der Küstenstreifen in dieser Region als einer der weltweit besten Standorte für Windenergieanlagen gilt. Einen 80 km² großen Windpark gibt es bereits, er ist mit deutscher Unterstützung entstanden. Die Kreditanstalt für Wiederaufbau wird bis 2007 einen weiteren mit 75 Mio. Euro finanzieren. Die prominentesten sehenswerten – und weitestgehend einzigen – Ziele der Gegend sind das Paulus- und das Antoniuskloster. Die größte Ferienanlage des Orts, das *Sol Y Mar Zaafarana Resort,* schloss im Mai 2005, eröffnete wenige Monate später aber unter neuem Management und Namen. Das preisgünstige *Pharaohotel Zaafarana Resort* befindet sich direkt am Strand, besitzt mehrere Swimmingpools, Restaurants, einen Fitnessclub sowie ein Tauch- und Surfcenter und eignet sich für einen Aufenthalt in der Nähe der Klöster *(220 Zi. | Tel. 010/ 530 31 06 oder 02/34 18 67 03 | www.pharaohotels.com/Phtez.html | €€).*

■ ZIELE IN DER UMGEBUNG ■

ANTONIUS- UND PAULUSKLOSTER ★ **[114 A3]**
Jeweils etwa 40 km südwestlich von Zaafarana, inmitten eines herrlichen Gebirgspanoramas, befinden sich zwei Wüstenklöster, die zu den ältesten der Christenheit gehören. *Deir al-Qaddis Antwan,* das Kloster des hl. Antonius, der hier als Eremit lebte, ist das älteste und größte koptische

Kloster in Ägypten. Es wurde im 4. Jh. – keine 100 Jahre nach dem Tod des Eremiten – gegründet und im 15. Jh. von Beduinen zerstört. Sehenswert in der Anlage mit ihren Gassen, kleinen Häuschen und Gärten ist die dreischiffige St.-Antonius-Kirche aus dem 6. Jh. Von 1996 bis 1999 wurde das Kloster unter Anlei-

Klosters ist. Zwischen den Klöstern gibt es einen anstrengenden, mehrstündigen, aber schönen  Bergpfad, den Sie nur in Begleitung eines Mönchs gehen sollten. Beide Klöster eignen sich für eine ausgiebige und interessante Tagestour. Ausflüge hierher werden auch in fast allen Hotels in Hurghada und El-Gouna

Bibliothek des Antoniusklosters: alte Handschriften neben moderner EDV

tung des *American Research Centers in Egypt* für 1,2 Mio. Dollar restauriert. Das Kloster des hl. Paulus befindet sich zwar nur etwa 12 km Luftlinie entfernt, ist aber mit dem Auto erst nach einer knapp einstündigen Fahrt zu erreichen. Zur selben Zeit wie Antonius lebte Paulus ebenfalls als Einsiedler in einer Berghöhle. Über ihr wurde im 4. Jh. eine Kapelle errichtet, die heute Teil des

angeboten. Besonders günstig wird Ihre Tour, wenn Sie mit anderen Gästen zusammen ein Sammeltaxi für einen Tag mieten. Zusätzlicher Vorteil: Ihr Fahrer wartet auf Sie, wo immer Sie etwas ohne Zeitdruck besichtigen möchten und kommt zum vereinbarten Treffpunkt, wenn Sie ein wenig durch die Landschaft wandern wollen. *Tgl. 9–15 Uhr, außer an koptischen Feiertagen*

> ARABISCHES MALLORCA

Vom Fischerdorf zum größten Urlaubsparadies des gesamten Nahen Ostens – in und um Hurghada pulsiert das Ferientreiben rund ums ganze Jahr

> Wohl kaum jemand in Hurghada und Umgebung wird vor 15 oder 20 Jahren gehofft oder befürchtet haben – je nach Blickwinkel –, dass hier in naher Zukunft das größte Ferienzentrum des gesamten Nahen Ostens entstehen würde.

Damals war Hurghada ein verschlafenes Fischerdorf, die Küsten weit gehend unberührt, die Korallenriffe noch intakt, und eine Hand voll Enthusiasten hatte gerade damit begonnen, für abenteuerlustige Tauchsport-ler die ersten kleinen Hotels und Diving Center zu errichten.

Heute ist klar: Es sind alle Erwartungen – und auch die Befürchtungen – übertroffen worden. An die 200 000 Hotelbetten stehen inzwischen für Badeurlauber aus Europa und Tauchsportler aus der ganzen Welt bereit – und der Bauboom hält unvermindert an. In Hurghada, dem Zentrum des Trubels, entstehen ständig neue Hotels. Beliebt ist der gesamte Küsten-

Bild: Hurghada

HURGHADA UND EL-GOUNA

streifen auch bei Urlaubern aus Italien, Großbritannien und den Beneluxländern – sowie aus Russland und anderen Staaten der ehemaligen Sowjetunion. Letztere kommen besonders gern nach Hurghada. Und zwar in so großer Zahl, dass pfiffige Laden- und Restaurantbesitzer ihre Werbetafeln und Speisekarten bereits ins Russische übersetzt haben.

Die Betreiber der Hotels und Amüsiertempel wollen es dem touristischen Vielvölkergemisch recht machen und ermöglichen alles, was die Gäste aus Europa und Russland in Party- und Ferienlaune versetzt. Auf sogenannten Fashionshows reiben sich halbnackte Russinnen die Leiber aneinander. In Diskotheken und Technoclubs, die manchmal eher Kontakthöfen ähneln, wird bis spät in die Nacht getanzt und getrunken, und am nächsten Vormittag liegen die Urlauberinnen oben ohne am Hotelstrand. Im Rest des Landes wäre das alles undenkbar.

Nördlich und südlich von Hurghada geht es eine Spur besinnlicher und auch eleganter zu. Mit El-Gouna entstand in den letzten Jahren 22 km Richtung Norden ein Ferienparadies, das zum Vorbild für andere Projekte an der Küste wurde. Die Planer haben strenge Richtlinien aufgestellt, um ein unkontrolliertes Wachstum wie in Hurghada zu vermeiden. Das künstliche Urlaubsdorf El-Gouna bietet alles, was das Touristenherz begehrt. Man muss es, außer bei Ausflügen, im Grunde nicht mehr verlassen. Shuttlebusse fahren in kurzen Abständen trotzdem nach Hurghada und zurück, sodass die Gäste beider Ferienorte auch die Freizeit- und Vergnügungsangebote des jeweils anderen Orts problemlos nutzen können. Im Süden von Hurghada, 20 bzw. 30 Autominuten entfernt, entstanden in der letzten Zeit zwei weitere künstliche Ferienorte: Makadi Bay und Soma Bay. Wie El-Gouna sind auch sie im Prinzip die Fortführung Hurghadas mit anderen Mitteln und unter Vermeidung aller Fehler, die in Hurghada gemacht wurden.

Von allen Orten können Sie Tagesausflüge zum Antonius- und Pauluskloster unternehmen und Abstecher nach Luxor oder gar nach Kairo machen. Mit dem Schnellboot erreichen Sie von Hurghada aus auch den Sinai in anderthalb Stunden.

EL-GOUNA

[117 D1] ★ 🔊 Eigentlich wollte Samih Sawiris von der laut „Forbes Magazine" reichsten ägyptischen Familie hier nur

Nubische Moderne: Steigenberger Golf Resort in El-Gouna

eine Villa und einen kleinen Hafen für seine Yacht bauen. Da ein Landesgesetz aber Projekte dieser Art an der Küste des Roten Meers untersagt, wenn sie nicht gleichzeitig auch dem Tourismus dienen, entstand in El-Gouna innerhalb einiger weniger Jahre Ägyptens Vorzeigeresort. Es ist so attraktiv, dass hier Musikvideos gedreht werden und Prominente wie der Bruder des US-Präsidenten George W. Bush ihre Ferien in dieser Anlage verbrachten. Auch einige Tausend Europäer haben bereits eine Villa oder eine Eigentumswohnung in der Region erworben.

Inzwischen sind 14 Hotels eröffnet. Sie passen sich mit ihrer nubisch inspirierten Architektur und den Pastellfarben elegant dem Lokalkolorit an oder bilden mit originellem, postmodernem Design einen gelungenen Kontrast dazu.

Nicht alle Hotels besitzen einen eigenen Strand, aber ein durch die Lagunen fahrendes Shuttleboot verbindet sie mit dem *Zeytuna Beach.* Der beliebteste Strand und eine Hochburg der Kitsurfer ist der *Mangroovy Beach* an der nördlichen Spitze von El-Gouna. Im künstlichen Ortskern *Kafr El-Gouna,* der einfach

nur *Downtown* genannt wird, können Sie bummeln, einkaufen und abends in den Kaffeehäusern entspannen. Die *Abu Tig Marina* bietet romantische Hafenatmosphäre mit engen

Bougainvilleen in voller Blüte

Gassen, Kopfsteinpflaster, Straßencafés, Pubs und Boutiquen.

Fast ganz El-Gouna ist ein Wireless-LAN-Hotspot. Informationen erhalten Sie an Ihrer Hotelrezeption oder im Büro von *Orascom.net* an der Abu Tig Marina neben dem Hotel

MARCO POLO HIGHLIGHTS

⭐ **El-Gouna**
Elegante Lagunensiedlung mit romantischem Yachthafen
(Seite 66)

⭐ **Ras Abu Soma**
Halbinsel mit Hotels, luxuriösem Spa und einem der schönsten Golfplätze des Landes (Seite 81)

⭐ **Hurghada**
Das größte Urlaubsparadies des Nahen Ostens – Surfen, Tauchen, Baden in kristallklarem Wasser (Seite 72)

⭐ **Mons Porphyrites**
Antiker Granitsteinbruch der Römer in schöner Gebirgslandschaft
(Seite 72)

Die Welt des Roten Meers können Sie auch im Aquarium bewundern

Captain's Inn. Dort können Sie auch Kurzzeitverträge abschließen.

Mehrere Kleinbuslinien verbinden alle wichtigen Orte im Resort miteinander.

■ SEHENSWERTES ■

AQUARIUM
Krabben, Seepferdchen und allerlei farbenprächtige Fische aus dem Roten Meer. *Downtown | tgl. 10–14 und 17–19 Uhr | Eintritt 20 £E*

GOUNA MUSEUM
Repliken von pharaonischen Altertümern. *Downtown | tgl. 10–14 und 17–19 Uhr | Eintritt 10 £E*

■ ESSEN & TRINKEN ■

ART VILLAGE
Orientalisches Café mit Beduinen-Ambiente. Bei Wasserpfeife, Kaffee, Tee und Snacks können Sie sich hier auch kunsthandwerklich betätigen. *Downtown | tgl. 10–24 Uhr | €€*

BELLA ITALIA
Einfache, winzige Pizzeria mit kleiner Terrasse direkt am Hafen; tolle Pizzas und Nudelgerichte. *Abu Tig Marina | tgl. 13–24 Uhr | €–€€*

BLEU BLEU
Ausgezeichnete internationale und ägyptische Fisch- und Fleischgerichte bei schönem Blick auf den Hafen. *Abu Tig Marina | tgl. 12–15 und 18–24 Uhr | €€–€€€*

EL TAYEBEEN 🔊
Einfaches ägyptisches Kaffeehaus mit landestypischen und internationalen Speisen, kostenloser WLAN-Zugang. *Downtown | tgl. 9–3 Uhr | €*

GARO'S SNACK STOP
Insider Tipp

Die Speisekarte des netten Bistros ist kurz, aber die libanesischen und armenischen Gerichte sind hervorragend. *Downtown | unweit vom Ebeid Supermarket | tgl. 12–22 Uhr | €–€€*

MAMOUNIA
Romantisches Restaurant mit marokkanischen Spezialitäten, traditionell zubereitet. *An der Einfahrt zur Abu Tig Marina | tgl. 16–24 Uhr | €€*

MOODS RESTAURANT & CHIRINGITO BEACH LOUNGE ▶▶
Das Szenelokal am Strand besticht mit den besten Chillout- und Dance-

floor-Mixen in El-Gouna. Wöchentlich Party in der Lounge. *Am Nordende der Abu Tig Marina | tgl. 10–1 Uhr | €€*

WIENER CAFÉ SERVUS

Insider Tipp

Den besten Kaffee im Ort bekommen Sie bei der Österreicherin Brigitte, die auch hausgemachte Eiscreme und Schmankerln serviert. *Downtown | tgl. 7.30–24 Uhr*

◼ EINKAUFEN ◼

BASAR

Im kleinen Basarviertel in Downtown können Sie an verschiedenen Ständen Schmuck, Kunsthandwerk, Parfüm und Souvenirs kaufen. Die Händler sind angewiesen, die Kunden nicht mit übertriebener Anmache zu nerven. Exklusive Modegeschäfte gibt es an der *Abu Tig Marina.*

◼ ÜBERNACHTEN ◼

ALI PASHA

Romantische Pension mit orientalischer Anmutung, Swimmingpool und indischem Restaurant. *34 Zi. | Abu Tig Marina | Tel. 065/358 00 88 | €€*

ARENA INN

Preisgünstigstes Hotel am Ort, komfortable Zimmer mit Satelliten-TV. Swimmingpool. Direkt an einer Lagune gelegen. Kein eigener Strand, aber Shuttlebootservice zum *Zeytuna Beach. 141 Zi. | Downtown | Tel. 065/ 358 00 78 | www.arenainn-elgouna. com | €€*

STEIGENBERGER GOLF RESORT

Stardesigner und Architekt Michael Graves hat hier elegant nubische und moderne Elemente miteinander kombiniert. *208 Zi. | Tel. 065/358 01 42 |*

Im Hafen von El-Gouna werden Skipper bestens versorgt

Fax 358 01 49 | www.el-gouna.stei genberger.de | €€€

TURTLE'S INN

Die intensiven Farben überall im Haus sind ein Fest für die Sinne. Das quietschbunte kleine Boutiquehotel mit Dachterrassenkaffeehaus und Tauchschule befindet sich direkt am Hafen. *29 Zi. | Abu Tig Marina | Tel. 065/358 01 71 | www.turtles-inn.com | €€*

■ FREIZEIT & SPORT ■

Ob im Meer oder an Land – Langeweile kommt in El-Gouna nicht auf.

>LOW BUDGET

> Statt des langweiligen Standardfrühstücks im Billighotel: Das Frühstücksbüfett des Restaurants *Chez Pascal* kostet umgerechnet nur 2,50 Euro pro Person *(Hurghada, Al-Dahar | Sharia Dr. Sayyed Al-Qorayem, neben dem Triton Empire Hotel | tgl. 7–10 Uhr).*

> Auf der Website *www.ibredsea.com* finden Sie oft Sonderangebote oder sogar Freikarten zum Ausdrucken, je nach aktuellem Angebot für Ausflüge mit dem Glasbodenboot oder für Diskotheken in Hurghada und Umgebung.

> Diskos und Bars in Hurghada locken Gäste vor Mitternacht mit Discounts, Happyhours oder damit, dass weiblichen Gästen in männlicher Begleitung alle Drinks umsonst serviert werden, z. B. dienstags und freitags im Hard Rock Café. Achten Sie auf die Anzeigen in kostenlosen Magazinen, die überall ausliegen!

Allein vier hervorragende Diving Center bieten Kurse sowie Schnorchel- und Tauchtouren für Anfänger und Fortgeschrittene an. Außerdem können Sie in El-Gouna u.a. Hochseefischen, Wasserski fahren, Tennis und Squash spielen, Quad-Touren unternehmen oder Minigolf spielen. Der Kitesurfingclub *Kitepower* am Mangroovy Beach *(www.kitepower-elgouna.com)* ist so beliebt, dass sich eine Community der deutschen Kitefans von El-Gouna gebildet hat *(www.meya-meya.com)*. Der 18-Loch-Golfplatz am Steigenberger Golf Resort gehört zu den schönsten des ganzen Landes. Die Gokartbahn *Sun Kart* unter deutscher Leitung befindet sich zwischen Downtown und dem Hafen *(tgl. 11–23 Uhr).* Und wer möchte, kann dies alles im *Oceana Arts Centre* bei Keti Sharif mit einem mehrtägigen, professionellen Bauchtanzkurs in authentischem Ambiente abrunden *(Infos unter www.oceana.net.au).*

Inside Tipp

■ AM ABEND ■

Fast jeden Freitag um 20 Uhr beginnt ein Hafenfest in der *Abu Tig Marina* mit Livebands, Speisen und Getränken. Samstagabends findet in den Gassen von *Kafr El-Gouna*, also in Downtown, das sogenannte Cool-Down-Straßenfest statt. Vom Club Méd wird die *Palladium Discothèque* betrieben, donnerstags Disko mit Showprogramm und Hightechlichtanlage sowie gelegentlichen Livekonzerten. Regelmäßig veranstaltet der ▶▶ *Mangroovy Beach* Strandpartys, mit Dancefloor und Technomusik, Barbecue und Lagerfeuer. Den Abend beginnen können Sie, wenn

Inside Tipp

Erste Tauchversuche werden häufig im Swimmingpool unternommen

Sie dort einen Platz finden, in der grellen *Barten (Abu Tig Marina | ab 21 Uhr),* angeblich die kleinste Bar Ägyptens. Das Programm für das *Renaissance Cinema* erfragen Sie an der Hotelrezeption.

PIER 88 ▶▶

Schwimmende In-Bar im Hafen, die besonders an warmen Sommerabenden fast immer voll ist. *Abu Tig Marina gegenüber Captain's Inn Hotel | tgl. 18–2 Uhr*

SAND BAR ▶▶

Das In-Lokal schlechthin am Ort. Mexikanische und amerikanische Küche, Billardtische, 10000 Musiktitel zur Auswahl. *Downtown | Tel. Tel. 012/246 60 47 | tgl. 12–24 Uhr |* €€–€€€

STUDIO 52

Kleine Pianobar mit Livemusik einmal pro Woche und gelegentlichen Karaokeabenden. *Abu Tig Marina | unweit Captain's Inn Hotel | tgl. 18–24 Uhr |* €€

■ AUSKUNFT ■

Info Center | Downtown | Tel. 065/ 354 97 02 | www.elgouna.com

■ ZIELE IN DER UMGEBUNG ■
BEDUINENOASE   [117 D1]

Unweit von El-Gouna empfängt der Beduine Hagg Ahmed Sheikh in seiner kleinen Oase gern Besucher und bewirtet sie mit Wasserpfeife, Tee und Mokka. Die Oase ist ein idyllischer Palmengarten mit Zitronenbäumen und Gemüsebeeten, einem Brunnen und Zelten. Mittwochabends findet eine *Oasis Night* mit orientalischem Dinner statt. Nähere Auskünfte dazu bekommen Sie im Info Center.

GOBAL ISLAND/
TAWILA ISLAND   [117 D1]

Das deutsch-ägyptische Unternehmen *CBS Boat Charter* organisiert Tagestrips auf die beiden unbewohnten Inseln. Hier können Sie schwimmen, sonnenbaden, schnorcheln und tauchen nach Herzenslust – an idyllischen Stränden und in völliger Abgeschiedenheit *(Motorboot inklusive Skipper für 6–10 Passagiere pro Tag 950 £E | zwei Tage im Voraus buchen | Tel. 012/312 68 31 oder 065/358 05 80 | www.cbsyachting. de).* Für Kreuzfahrten auf dem Meer können Sie auch die hübsche Yacht „Galatea" buchen *(Tel. 012/ 228 22 18 | www.neptunedreams. com).*

MONS PORPHYRITES ⭐ ☼ **[116 C2]**
Der 1660 m hohe Berg heißt heute *Gebel Abu Dukhan,* der rauchende Berg. Bei der rund 60 km langen Tour dorthin ist der Weg schon das Ziel, denn er führt durch die majestätische Gebirgswelt im Landesinnern, eine Landschaft, die Sie sich nicht entgehen lassen sollten! Das eigentliche Ziel der Tour ist ein antiker Steinbruch, dessen rötlich gemusterten Granit die Römer bis vor etwa 1600 Jahren abbauen ließen. Damals stand hier eine ausgedehnte Siedlung für mehrere Tausend Menschen.

HURGHADA

 KARTE IN DER HINTEREN UMSCHLAGKLAPPE

[117 D2] ⭐ **Auf einer Länge von über 30 km reiht sich in dem Ort, der auf Arabisch *Al-Ghardaqa* heißt, ein Hotel an das andere.** Der gesamte Küstenstreifen ist heute weitgehend zugebaut mit Clubanlagen, die fast alle nach demselben Schema errichtet wurden: Swimmingpool und Garten in der Mitte, umgeben von einem Ring von Apartmenthäusern, der zum Strand hin offen ist. Das Freizeitangebot in Hurghada allerdings ist einmalig. Mehr als 100 Tauchcenter warten auf Schnorchel- und Tauchfans aus aller Welt. Man kann Jetski fahren oder in einem der zahlreichen Surfcenter Kurse im Windsurfen belegen und dort auch die entsprechende Ausrüstung ausleihen. Die Urlauber können schnorcheln, hochseefischen, Touren zu einsamen Inseln oder entfernteren Korallenriffen unterneh-

Paradies für Taucher: die Küstengewässer bei Hurghada

men oder einfach den Tag faul am Pool oder am Strand verbringen. Ein- oder besser mehrtägige Ausflüge nach Luxor und Kairo werden angeboten, und nur 90 Minuten dauert die Überfahrt mit dem Katamaran-Schnellboot nach Sharm El-Sheikh an der Südspitze des Sinai *(Buchung im Hotel, in einem der Travco-Büros oder unter Tel. 065/344 75 71).* Busse, Taxis und Privatwagen unterwegs ins Niltal fahren aus Sicherheitsgründen zwischen Safaga und Luxor im Konvoi unter Polizeibegleitung.

Im Stadtzentrum *Al-Dahar,* ganz im Norden von Hurghada, finden Sie den Basar, die billigsten Hotels sowie das Postamt und die Telefonzentrale. Südlich davon, hinter dem Berg *Gebel Al-Afish,* schließt sich der Ortsteil *Siqala* an, der oft Sigala ausgesprochen wird. Ihm folgt, an der Straße Richtung Safaga, der lange Küstenstreifen, an dem sich die meisten der teuren Hotelanlagen befinden.

SEHENSWERTES

AQUARIUM

Beschriftete Glasbecken mit Fischen aus dem Roten Meer. Lieblos präsentiert, aber durchaus interessant vor dem ersten Tauchgang. *6, Sharia Corniche | Al-Dahar, nördlich des Triton Empire Beach Resorts | tgl. 9–22 Uhr | Eintritt 10 £E*

MUSEUM OF MARINE BIOLOGY

Schneller Überblick über die Flora und Fauna des Roten Meers, einschließlich der Korallenlandschaft. *5 km nördlich der Stadt | tgl. 8–17 Uhr | Eintritt 5 £E*

ESSEN & TRINKEN

AL-MASRY

Beliebt bei Einheimischen: Hier bekommen Sie Fleischgerichte, wie die Ägypter sie mögen, entweder

Große Moschee in Hurghada

vom Holzkohlegrill oder als gulaschähnliche Fleisch-Gemüse-Töpfe. *Midan Al-Siqala | Siqala | tgl. 17–24 Uhr | €–€€*

AL-ZA'EEM

Insider Tipp

Das einfache Straßenlokal ist eine im ganzen Ort bekannte Institution für *Fuul-, Tamiyya-* und andere Volksspeisen. *Midan Al-Dahar | tgl. 0–24 Uhr | €*

BORDIEHN'S RESTAURANT/ VILLA KUNTERBUNT

Meisterkoch Thomas Bordiehn begeistert seine Gäste mit eigenwilligen kulinarischen Kreuzungen wie dem in *Taamiyya*-Teig gebackenem Hähnchen. Die Zutaten stammen aus biologischem Anbau. *Arabia Beach Resort, Siqala | Tel. 065/354 87 90 | www.bordiehn.com | tgl. 10–24 Uhr | €€ – €€€*

EL JOKER

Billiges Fischrestaurant, das bei den Ägyptern des Orts als das beste in ganz Hurghada gilt. Kein Alkohol. *Midan Al-Siqala | tgl. 12–24 Uhr | €*

FELFELA

Ägyptische Standards wie *Taamiyya, Fuul* sowie traditionelle Fleischgerichte, alles zu Touristenpreisen, aber immer noch günstig. Tolle Terrasse mit schönem Blick aufs Meer. *Sheraton Road, Siqala, nördlich des Hotels Marriott | Tel. 065/344 24 10 | tgl. 10–1 Uhr | € – €€*

PORTOFINO

Gute Pasta- und ausgezeichnete Fischgerichte, alles unter einem Dach sowie auf der Terrasse vor dem Haus an der Straße. *Sharia Dr. Sayyed Al-Qorayem, Al-Dahar | Tel. 065/354 62 50 | tgl. 13–24 Uhr | €€*

STARFISH

Beliebtes Restaurant, das fangfrischen Fisch in allen gewünschten Variationen zubereitet. Besonders lecker: *Buri Sengari,* mit Gemüse und Gewürzen aufgeklappt im Holzofengrill zubereitet. *Sheraton Road, Siqala | tgl. 11–24 Uhr | €€*

TUSCANY

Das italienische Restaurant ist wegen des gut sortierten Weinangebots beliebt bei in Hurghada lebenden Ausländern. *Marriott Hotel, Siqala | Tel. 065/344 69 50 | tgl. 19–24 Uhr | €€€*

▰▰▰ **ÜBERNACHTEN** ▰▰▰

Es gibt kaum eine internationale Hotelkette, die in Hurghada nicht vertreten ist. Als Individualtourist zahlen Sie für Übernachtungen hier allerdings hohe Zimmerpreise.

EL-AROSA

Zimmer mit Bad, Klimaanlage. Eigener Pool, kein Strandzugang, aber der Strand vom Geisum Village darf mitbenutzt werden. *60 Zi. | Corniche Road, Al-Dahar | Tel. 065/354 91 90 | elarosahotel@yahoo.com | €€*

GREEN PALACE HOTEL

Billig, freundlich und nah an Hurghadas Downtown Al-Dahar. Kein eigener Strand, aber in dessen Nähe. *30 Zi. | Corniche Road | Tel. 065/354 83 68 | Fax 354 04 53 | € – €€*

LIVING WITH ART ☼

Die klimatisierten Gästewohnungen im Haus des deutschen Honorarkonsuls Peter Ely verwandelte die Designerin Karin Ely zu faszinierenden Gesamtkunstwerken. Schlaf- und Wohnzimmer, Bad, amerikanische Küche, Balkon. *8 Wohnungen | Hadaba nahe Sheraton Road | Tel. 012/211 83 38 | www.livingwithart. biz | €€*

MAGAWISH VILLAGE

Ausgedehnte Bungalowsiedlung mit schönem langem Strand, beliebt bei

Windsurfern. *326 Zi. | Tel. 065/344 26 20 | Fax 344 22 55 | www.maga wish.com | €€*

OBEROI SAHL HASHISH

Nur Suiten, jede eine kleine orientalische Traumvilla aus Tausendundeiner Nacht mit eigenem Garten und im Fußboden eingelassener Badewanne aus Naturstein. Abgeschie-

Balkons wie ein kleiner Palast. Sympathischstes Billighotel im Ort. *21 Zi. | Sharia al-Tahrir, Al-Dahar | Tel. 065/354 70 31 | €*

SNAFER HOTEL

Saubere, klimatisierte Zimmer mit Balkon und Seeblick. Günstig und in Strandnähe. *24 Zi. | Sharia Dr. Sayyed Al-Qorayem, Al-Dahar, un-*

Reichlich Platz für viele Gäste: Bordiehn's Restaurant

dene Lage, 800 m Sandstrand, hervorragender Wellnessclub. Das schönste Hotel am Ort, Mitglied der Small Leading Hotels of the World. *104 Suiten | Tel. 065/344 07 77 | Fax 344 07 88 | www.oberoihotels.com/ oberoi/egypt/sahl/ | €€€*

RITZ HOTEL

Abends leuchtet das jüngst renovierte weiße Haus mit den hübschen

weit des Hospitals | Tel./Fax 065/354 02 60 | www.redseavoyages.com/ho tel_divepackages.html | €€

◼ FREIZEIT & SPORT

Den Strand von Hurghada haben auf seiner nahezu gesamten Länge Hotelanlagen in Beschlag genommen. Gäste von Billighotels ohne eigenen Strand können an den *Public Beach (Siqala | Eintritt 5 £E | ab 8 Uhr)* gehen, wo es auch Sonnenschirme und einen Kiosk gibt. In fast jedem Hotel können Sie Strandbuggy- und Quad-Ausflüge, Reittouren mit dem Pferd sowie Kamelsafaris in die Wüste buchen, oft inklusive Barbecue und/oder eines Besuchs bei Beduinen. Daneben kann man sich die Zeit mit Wasser- und Jetski, Parasailing, Kitesurfen und Hochseefischen vertreiben. Fragen Sie an der Hotelrezeption!

AQUASCOPE
Unterwasserausflug mit einer Art neuer Glasbodenboot-Generation, wirkt ein bisschen wie eine Raumschiff-Orion-Parodie. *Buchung an der Hotelrezeption | 40 Euro*

EBBTIDE BOWLING CENTER
Billard, Videogames sowie mehrere moderne Bowlingbahnen. *Am Sindbad Beach Resort | tgl. 15–3 Uhr*

PHARAONIC KART CLUB
Ausgedehnte Gokartbahn unweit des Magawish Villages. *Safaga Road | tgl 11–23 Uhr*

RED SEA DOLPHIN
Das Glasbodenboot läuft täglich zweimal aus und bietet Panoramablicke in die Unterwasserwelt. *Tel. 065/344 41 46 oder 344 45 91 | Preis 25 Euro*

SHARM AIR
Das Meer, die Wüste, die Berge und Hurghada von oben? Sharm Air bietet Rundflüge im Kleinflugzeug und Drachenfliegerkurse. *Tel. 010/554 44 00 | www.sharmair.com*

SINDBAD SUBMARINE
Zwei finnische Mark-III-U-Boote bringen je 44 Passagiere in 22 m Tiefe. Schönes, aber teures Unterwasserlebnis. *Stündlich zwischen 10 und 14 Uhr ab Sindbad Beach Resort | Tel. 065/344 46 88/89/90 oder an der Hotelrezeption | 45 Euro*

■ AM ABEND
ALF LEILA WA LEILA
Tausendundeinenacht-Folklorespektakel mit Pharaonen, Beduinen, Sufi-Tänzern, arabischen Rittern auf Pferden und natürlich mit Bauchtanz – al-

> WUNDER UNTER WASSER
Tauchkreuzfahrten zu den schönsten Korallenriffen

Experten schätzen, dass bereits über zwei Drittel der Korallenriffe vor Hurghada geschädigt sind. Auch die ufernahen Riffe vor Sharm El-Sheikh sind bedroht. Auf Motoryachten gelangen Taucher aber leicht zu entlegeneren Riffen. Von Hurghada aus in 60 bis 90 Minuten erreichbar sind das Riff *Shaab Umm Qamar* mit einer fischreichen Grotte sowie das farbenprächtige *Careless Reef*. Vor der Küste Safagas sind die Riffe um die Tubiya-Insel populär, und 15 km südlich von Marsa Alam das *Dolphin House*, wo man manchmal Dutzende Delphine beobachten kann. Enthusiasten fahren mehrere Stunden zu Riffen südlich von Marsa Alam. Etwas näher am Ufer liegt das nahezu legendäre *Elphinstone Reef*, Begegnungen mit Haien sind hier fast garantiert.

In Beachclubs können Sie tagsüber faulenzen und nachts feste feiern

les in einer Openairarena für 2500 Zuschauer, rundherum teure Bazare und Restaurants. *Im Süden von Hurghada*

BLACK OUT
Beliebte Hoteldisko. Hervorragendes Soundsystem, aber eng und in der Saison oft überfüllt. *Ali Baba Palace Resort, im Süden von Hurghada | tgl. ab 23 Uhr*

CALYPSO
Die mehrstöckige Disko mit Kontakthofatmosphäre ist besonders bei Osteuropäern beliebt. Allabendlich sogenannte »Internationale Shows« sowie russische Gogo-Tänzerinnen. *Hadaba Road | tgl. 12–3 Uhr | www. calypsohurghada.com*

HARD ROCK CAFÉ 🔊
Neueröffnung der internationalen Kette mit der üblichen Texmex-Küche, aber einer netten Poolbar. Oft Disko und Livebands. *Tariq al-Kora*

| Nawarra Center | tgl. 12–3 Uhr | €€ – €€€

KALABOUSH
Der Name kommt vom arabischen Wort für Handschellen. Disko mit Kerkerambiente. *Iberotel Arabella | Siqala | tgl. 22–4 Uhr*

LITTLE BUDDHA
Insider Tipp

Hurghadas elegantester Dancefloor befindet sich im eigenen Tempel. Das Restaurant schließt um Mitternacht; Sushi-Bar und Disko bis vier Uhr morgens. *Village Road | im Sindbad Resort | www.littlebuddha-hurghada.com | ab 100 £E inkl. Getränk*

MINISTRY OF SOUND ▶▶
Insider Tipp

Das britische Clubbingimperium erobert die Rotmeerküste und bringt internationale DJs nach Hurghada, hier in den einstigen Papa's Beach Club. *Nähe Little Mermaid Square | tgl. 18–3 Uhr | www.ministryofsoundegypt.com*

PAPA'S I & II

Zwei beliebte Pubs unter holländischer Leitung. Regelmäßig Livebands. *Sheraton Road gegenüber dem Hotel Aqua Fun, Siqala, sowie Corniche Road, Al-Dahar, unweit des Hospitals | www.papasbar.com, tgl. ab 17 Uhr*

Empire Hotel | tgl. 12–2 Uhr, Küche bis 22 Uhr | €€

■ AUSKUNFT ■

TOURIST INFORMATION

Tourist Boulevard Siqala, nördlich vom Grand Hotel | Tel. 065/ 346 32 21 und 010/019 19 89

Taucher können ihm im Meer begegnen: Großdornhusar

PEANUTS BAR ▶▶

Pub und Restaurant mit großartigen Speisen vom holländischen Küchenchef. Gespielt wird vorwiegend Popmusik der 1970er- und 1980er-Jahre. Zweimal im Monat gibt es Livemusik, jeden Mittwoch Karaoke und an allen anderen Abenden ist Disko angesagt. *Sharia Dr. Sayyed Al-Qorayem, Al-Dahar | neben dem Triton*

■ ZIELE IN DER UMGEBUNG ■

BIG GIFTUN ISLAND   [117 D2]

Sie ist die zweitgrößte jener 22 Inseln im Roten Meer, die unter Naturschutz stehen. 2004 sollte sie an den italienischen Immobilienmagnaten Ernesto Preatoni verkauft werden, der 2 Mia. Dollar in den touristischen Ausbau investieren wollte. Heftiger Protest von ägyptischen und internationalen Umweltaktivisten verhinderte dies. Der *Mahmya-Strandclub* auf der Insel soll angeblich alle Umweltschutzrichtlinien einhalten und eine Art Ökocamp sein, mit Liegestühlen, Restaurant und konsequentem Abfallmanagement *(tgl. bis Sonnenuntergang | ab 30 Euro inklusive Lunch und Bootsüberfahrt ab Sheraton Marina gegen 8.30 Uhr | www. mahmya.com).* Der Strand eignet sich hier eher weniger zum Schnorcheln, etliche Yachten fahren zu besseren Stellen. Wie zum Beispiel die „Paradise", deren Tour zur kleinen Giftun-Insel führt und erst am Nachmittag weiter zur großen. *Tagestour ab 110 £E inklusive Lunch, 2 Softdrinks, Handtücher, Schnorchelausrüstung | Abfahrt gegen 9 Uhr ab Mashrabia Resort | Tel. 010/ 145 83 84*

SHARM AL-NAGA [117 D3]

Wer den Trubel und die manchmal überlaufenen Strände in Hurghada satt hat, findet hier, etwa 40 km südlich des Badeorts, eine der schönsten Buchten am Roten Meer. Der Strand ist lang und sandig, vor dem Ufer befinden sich an nahen Korallenriffen einige wunderbare Schnorchelreviere in gutem Zustand, die bequem ohne Boot zu erreichen sind.

Das Fleckchen ist nicht wirklich menschenleer, da manche Hotels in Hurghada Tagesausflüge hierher anbieten, einschließlich Barbecue; Sharm Al-Naga steht aber in deutlichem Kontrast zum turbulenten Badeort. Vor der Küste im offenen Meer gibt es einige attraktive Tauchgründe. Touren dorthin, mit kleinen Booten oder Yachten, können Sie im Tauchcenter des *Sharm El-Naga Resorts* buchen. Dieser kleine Strandclub vermietet auch schöne Zimmer (mit Bad und Klimaanlage), besitzt einen Pool, einen Kinderspielplatz und betreibt eine Strandbar sowie ein Restaurant *(40 Zi. | Tel. 010/ 111 29 42 | Fax 111 29 58 | www.sharmelnaga.com | €€).* Ein Tag im Resort ohne Übernachtung und Zimmerbenutzung kostet etwa 10 Euro pro Person.

BEDUINEN UND ÄGYPTER

Sie leben im selben Land, aber sie lieben sich nicht

Viele Ägypter aus dem Niltal und dem Nildelta schätzen die Beduinen als faul, unpünktlich und unzuverlässig ein. Die Beduinen hingegen glauben, die Ägypter wollen ihnen das Land ihrer Väter rauben und damit Geld machen. Zwischen beiden Gruppen wird fein säuberlich unterschieden – auf beiden Seiten. Ägypter kommen vorwiegend als Angestellte oder Unternehmer an die Rotmeerküsten, ihre Kinder und Ehegatten lassen sie daheim im Niltal. Sie sind im Grunde Gastarbeiter im eigenen Land. Oder Beamte, die den Beduinen Amtspapiere für alles Mögliche aufzwingen wollen – für das Land, auf dem ihre Väter jahrhundertelang Nomaden waren, für Ehen und Geburten. Nur selten begegnen sie den Beduinen mit Respekt, etwa wenn ihr Wissen über den Landstrich zum Schutz der Natur gefragt ist.

MAKADI BAY

[117 D2] **Das erste Hotel an der schönen Bucht entstand 1998, inzwischen sind über ein Dutzend weitere Häuser hinzugekommen, allein acht der Ketten Iberotel und Sol Y Mar.** In der Makadi-Bucht können Sie eine Art Konfektionsurlaub verbringen, allerdings einen der feineren Sorte, maßgeschneidert auf die Bedürfnisse derer, die in den Ferien vor allem Entspannung an Strand und Pool, Freizeitaktivitäten und etwas Entertainment suchen. Hurghada befindet sich nur 30 km nördlich. Aber wenige Feriengäste haben Lust, das Resort zu verlassen, denn hier finden sie eigentlich alles, was einen Cluburlaub angenehm macht: Tauchschulen und Surfcenter, Nachtclubs, Diskotheken und Restaurants sowie Geschäfte in den verschiedenen Malls und im Makadi Center. Viele der Hotels bewirten nach dem All-inclusive-Prinzip. Besonders groß ist das Sport- und Freizeitangebot. Ein kostenloser Shuttlebus fährt von mehreren Hotels nach Hurghada.

■ ÜBERNACHTEN ■

IBEROTEL MAKADI BEACH

Pastellfarbene Architektur mit Kuppeln und Arkaden, Pool, Zimmer mit großem Balkon. Das ausgezeichnete Wassersport- und Windsurfcenter *Surf Motion* befindet sich am Strand. *313 Zi. | Tel. 065/359 00 16 | Fax 359 00 20 | www.iberotel-eg.com/ english/Iberotel_Makadi_discover.asp | €€€*

LE MERIDIEN MAKADI

Langer Sandstrand und einer der größten Swimmingpools im gesamten Nahen Osten. Elegante, nubisch inspirierte Architektur in einer weitläufigen Gartenanlage. Koreanische Künstler statteten jüngst die Lobby neu aus. *1044 Zi. | Tel. 065/359 05 90 | Fax 359 05 95 | www.lemeridien-makadi.com | €€€*

Nach der Hitze des Tages noch schnell ein Bad, bevor die Sonne versinkt

SOL Y MAR CLUB MAKADI

Nubisch angehauchtes, kleines Boutiquehotel mit hübschen *Mashrabiyya*-Holzarbeiten in der Lobby. Seichter Strand, Pool beheizt im Winter. Sehr familienfreundlich. *270 Zi. | Tel. 065/359 00 25 | Fax 359 00 35 | www.solymaregypt.com/clbmakdi/ | €€€*

SOMA BAY

[117 D3] Die Halbinsel ⭐ **Ras Abu Soma war einst ein 10 km2 großes Naturparadies für seltene Vögel, Schildkröten usw., dann wurde 1996 mit dem Bau des Resorts begonnen.** Allerdings ist man dabei durchaus behutsam vorgegangen. Die Ufer blieben frei, die Spitze der Halbinsel unbebaut. Innerhalb der Hotelanlagen kam viel Grün hinzu, denn die in der resorteigenen, teuren Anlage aufbereiteten Abwässer werden geklärt zur Bewässerung der Gärten und Grünanlagen genutzt. Mehrere Hotels der gesamten Gegend führen die Bezeichnung Soma Bay im Namen, Herzstück ist jedoch das in sich abgeschlossene Resort an der Spitze der Halbinsel, das derzeit aus fünf Hotels besteht *(Infos zum gesamten Resort unter www.soma bay.com).* Das Hotel *La Residence des Cascades* ist der Mittelpunkt zweier besonderer Attraktionen: Das renommierte französische Unternehmen *Les Thermes Marins de Saint-Malo* betreibt hier das Thalassotherapiezentrum *Les Thermes Marins des Cascades (www.thermesmarins.com/somabay.htm),* und die internationale Golfspielerlegende Gary Player entwarf den mehrfach international preisgekrönten Golfplatz **The Casca-**

Toller Golfplatz: The Cascades

des (www.thecascades.com). Beide Einrichtungen stehen allen Resortgästen offen. Die Marina *Marsa Tubya* bietet Liegeplätze für 70 Yachten. Hier finden Sie auch Straßencafés und Läden.

■ ÜBERNACHTEN

CLUB ROBINSON SOMA BAY

Das Hotel ist kein architektonisches Schmuckstück, aber beliebt wegen des riesigen Freizeitangebots und der schönen Grünanlagen. Surfcenter und Tauchbasis. *256 Zi. | Tel. 065/354 98 54 | Fax 354 98 78 | Soma Bay@robinson.de | €€€*

SHERATON SOMA BAY

Eigenwillige, pharaonisch inspirierte Architektur, man wähnt sich in einem pompösen altägyptischen Tempel. Herausragender Service, großes Freizeitangebot. *310 Zi. | Tel. 065/354 58 45 | Fax 354 58 85 | www.sheraton-somabay.com | €€€*

sider ipp

> DIE SCHÖNSTEN KORALLENRIFFE DES LANDES

Das einstige Niemandsland mausert sich mehr und mehr zum Ziel für Cluburlauber und Ökotouristen

> **Am Küstenstreifen von Safaga über Quseir bis Marsa Alam, 285 km südlich von Hurghada, gibt es schon länger einige wenige Hotels, aber das Festland südlich von Marsa Alam bis hinunter an den Sudan war bis 1999 militärisches Sperrgebiet.**

Tauchenthusiasten fuhren zwar immer schon mit Booten vor die gesperrte Küste, zu den schönsten Korallenriffen Ägyptens, aber erst seitdem 2001 der Flughafen von Marsa Alam in Betrieb ging, werden ständig neue Hotels eröffnet. Archäologen können belegen, dass schon die alten Ägypter von dieser Küste aus zu verwegenen Seereisen aufbrachen. Erst jüngst fand Kathryn Bard von der Boston University am Wadi Gawasis, 25 km südlich von Safaga, sensationelle Seefahrerutensilien, 3500 Jahre alt, aus einer Zeit, als die Pharaonin Hatschepsut eine Expedition ins legendäre Weihrauchland Punt schickte. Heute ist Tourismus die Zu-

Bild: Moschee in Quseir

SÜDLICH VON HURGHADA

kunft, besonders in der Nähe des Flughafens von Marsa Alam. Hier eröffnete jüngst Ägyptens größtes neues Ferienobjekt, das Megaresort *Port Ghalib* mit vorerst vier Hotels *(www.portghalib.com)* – errichtet u. a. von den Schöpfern der südafrikanischen Sun City. Der vom Guide Michelin prämierte Meisterkoch Conrad Gallagher soll bereits für Port Ghalib verpflichtet worden sein. Der riesige Yachthafen für über 1000 Luxusyachten ist schon länger in Betrieb. Die meisten Hotels der Region betreuen All-inclusive-Urlauber. Fast alle betreiben Tauch- und Surfcenter und organisieren Ausflüge ins Hinterland und Touren nach Luxor.

MARSA ALAM

[118 A3] Die Hotels, die alle irgendwie unter der Bezeichnung Marsa Alam firmieren, befinden sich nicht in dem kleinen,

uninteressanten Ort, sondern sind auf einer Länge von über 100 km an der Küste verteilt. Bis zum Flughafen sind es etwa 60 km *(www.marsa-alam-airport.com).*

■ ÜBERNACHTEN ■

ECOLODGES/ÖKOCAMPS

Von Tauchern für Taucher – so könnte man die Lodges und Camps beschreiben. Wieder wird eine ägyptische Region mit unberührten Riffen touristisch erobert, aber diesmal möchten die Umweltschützer zuerst da sein. Nichttaucher hingegen mögen sich in den Camps langweilen. Sport- und Vergnügungsangebote gibt es kaum. Alle Camps organisieren Safaris ins Landesinnere. In den Ecolodges *Shagra Village (20 km nördlich von Marsa Alam | Tel. 012/399 38 60 und 105 65 93 | €€)* und *Nakari Village (18 km südlich | beide www.redsea-divingsafari.com | €€)* wohnen Sie direkt am Strand in

>LOW BUDGET

> Busse verkehren südlich von Safaga nur wenige. Eine billige Alternative sind die Sammeltaxis. Die Haltestellen heißen zumeist *Mauqif al-Peugot* oder *Mahattit as-Service.* Das Taxi fährt los, wenn es voll ist, lange warten muss man selten. Die Fahrten an der Küste entlang kosten zwischen 5 und 20 £E, je nach Entfernung.

> *Egypt Air* und *Egypt Air Express* haben ihr Preissystem umgestellt. Mit etwas Glück können Sie nun Schnäppchenflüge von *Marsa Alam* nach *Kairo* ab 25 Euro buchen.

Zelten mit Beduinenbetten bzw. in Natursteinbungalows mit oder ohne Bad *(Reservierung beider Camps in Kairo | Tel. 02/33 37 18 33 | Fax 37 49 42 19).* Taschenlampen und schnelle Akkuladegeräte mitbringen – Strom gibt es manchmal zeitlich begrenzt! Hossam Helmy, Betreiber beider Camps und Rechtsanwalt, kann Sie im Shagra Village sogar <mark>unter Wasser verheiraten.</mark> Rechtskräftig! *Inside Tip*

Die *Um Tondoba Ecolodge (14 km südlich | www.ecolodge-redsea.com | Tel. 012/792 33 36 | €€)* bietet geräumige Palmhütten und Steinbungalows, Restaurant/Bar in beduinischem Setting und die Tauchbasis *Deep South (www.deep-south-diving.com).* Das *Awlad Baraka Camp (13 km südlich | €€)* besitzt 20 Palmhütten, 200 m vom Meer entfernt, mit leicht afrikanischem Einschlag dekoriert *(Reservierungen über Tom in Hurghada | Tel. 065/341 11 51 | Fax 341 11 51).* In allen Camps nur Vollpension! Bitte unbedingt eigene Handtücher mitbringen!

EQUINOX EL-NABAA

Populär bei Windsurfern. Von allen Haupthauszimmern Meerblick. Billiger und romantischer aber sind die zehn jüngst renovierten Holzhütten (Innen-WC, Dusche) am Strand. *100 Zi. | Tel. 012/235 34 75 | Fax 02/33 45 47 11 | www.elnabaa.com | €€*

IBEROTEL LAMAYA

Kinderfreundlich, überwiegend große, sogenannte Familienzimmer. Viele Freizeitmöglichkeiten, Tauchbasis. *389 Zi. | 5 km nördlich von Marsa Alam Airport | Tel. 065/375*

00 30 | Fax 375 00 39 | *www.iberotel-eg.com* | €€ – €€€

■■ ZIELE IN DER UMGEBUNG ■■

GEBEL ELBA    [0]

Gut 30 km vor dem Sudan erhebt sich mitten in der Wüste eine grüne Oase 1437 m hoch. Spezielle Feuchtigkeitsverhältnisse haben ein Biotop geschaffen, das seinesgleichen sucht, mit seltenen Tier- und Hunderten verschiedener Pflanzenarten. Touren zu diesem Naturwunder erfordern eine Genehmigung und einen spezialisierten Veranstalter, zum Beispiel *Geographic Adventures | Tel. 02/24 18 48 21 | www.geographic-adventures.com*

WADI EL-GEMAL   [118 B4]

Das Camp *Fustat Wadi El-Gemal (Tel. 010/123 15 15 | www.wadielgemal.com)* veranstaltet ökologisch und ethnisch orientierte Touren mit Dinner durch den Nationalpark Wadi El-Gemal (Tal der Kamele) 50 km südlich von Marsa Alam, eines der schönsten Täler der Region.

QUSEIR

[117 E5] ★ Das idyllische Hafenstädtchen *(www.alquseir.com)* **mit leicht italienischem Flair liegt etwa 140 km südlich von Hurghada.** Eine Firma aus Italien förderte hier bis 1956 Phosphat. In pharaonischen, römischen und arabischen Zeiten lag der Ort an einer bedeutenden Handelsroute. Muslimische Pilger brachen von hier aus mit Schiffen in großer Zahl nach Mekka auf. Vor 150 Jahren erhielt Suez Bahnanschluss, Handels- und Pilgerströme nahmen fortan einen anderen Weg, Quseir erlebte daraufhin seinen Niedergang.

Quseir ist ein Ort mit italienischem Flair

In der malerischen Altstadt steht eine ottomanische  Zitadelle, die heute ein Museum und das Visitor Center beherbergt und bis vor 100 Jahren das Trinkwasserdepot des Orts war, als das Wasser noch mit Schiffen aus dem Jemen geholt wurde. Sehenswert sind der Schrein des Sufischeichs Al-Gilany, die einst italienische Kirche der Jungfrau Maria sowie mehrere hübsche alte Moscheen.

MARCO POLO HIGHLIGHTS

★ **Mons Claudianus**
Antiker Steinbruch für den schwarzen Granit der Prachtbauten in Rom
(Seite 87)

★ **Quseir**
Kleines Hafenstädtchen mit leicht italienischem Flair im Zentrum
(Seite 85)

Am Strand des Hotels Mövenpick in Quseir

■ ÜBERNACHTEN

EL-QUSEIR HOTEL

Inside Tip

In dem mehr als 80 Jahre alten Haus residierte früher ein Clanchef des Ababda-Stamms. Beim Renovieren blieben Holztreppe, Holzerker und anderes altes Interieur erhalten. Von einigen Zimmern blickt man aufs Meer. Klimatisierte Zimmer, Etagenbad. *6 Zi. | Sharia Bur Said | Tel. 065/ 333 23 01 | €*

MANGROVE BAY RESORT

Hier machen Sie Ferien am Mangrovenhain! Bungalows stehen an einer flachen Bucht mit Palmen. Das Resort ist herrlich still und einsam gelegen; Nachtleben gibt es keines, dafür eine hervorragende Tauchstation *(www.ducks-dive-center.de). 100 Zi. | Tel. 065/333 45 10 | Fax 333 45 11 | €€*

MÖVENPICK RESORT EL-QUSEIR 🔊

Inside Tip

Nubisch inspiriertes Luxushotel am Sirena Beach aus rotem und pfirsichfarbenem Naturstein, mit Umweltschutzpreisen überhäuft. Das kleine Ferienparadies wird so gehütet, dass sogar Schildkröten ihre Eier in der Bucht ablegen. Tolles Hausriff, zu dem höchstens 20 Leute gleichzeitig gelassen werden. *250 Zi. | Tel. 065/ 333 21 00 | Fax 333 21 29 | www. moevenpick-quseir.com | €€€*

SEA PRINCESS HOTEL

Billigstes Hotel im Ort, gut für durchreisende Rucksacktouristen, die nur ein Kämmerchen zum Schlafen brauchen. Gemeinschaftsbad. *13 Zi. | Sharia Gomhoriyya | Tel. 065/333 18 80 | €*

ÜDLICH VON HURGHADA

SAFAGA

[117 D3] Die Hafenstadt 55 km südlich von Hurghada bietet keine Sehenswürdigkeiten, allerdings sollen hier Leute, die an Schuppenflechte leiden, angeblich rasche Linderung erfahren. Ein Doktorenteam des Nationalen Forschungszentrums will herausgefunden haben, dass es unter den 45 000 Menschen in und um Safaga praktisch keinen Fall von Schuppenflechte gibt. Das Meereswasser ist hier um 35 Prozent salziger als üblich, Safagas schwarzer Sand enthält radioaktive Substanzen. Nun möchte man eine Art Kurtourismus entwickeln. Besonders beliebt ist die Gegend auch bei Windsurfern.

■ ÜBERNACHTEN

HOLIDAY INN
Sachlich gestaltete Zimmer, Anlage 2005 teilrenoviert. Langer Strand, Tauchbasis *(www.ducks-dive-center.de)* und Yachthafen. Gute Kinderbetreuung. *335 Zi. | Tel. 065/326 01 00 | Fax 326 01 05 | www.ichotels group.com | €€*

MENAVILLE
Das Resort kooperiert mit Kurspezialisten aus dem tschechischen Karlovy Vary. Verschiedene Klimatherapien, z.B. Packungen mit schwarzem Sand. *310 Zi. | Tel. 065/326 00 64 | Fax 326 00 68 | www.menaville.com | €€*

SHAMS SAFAGA
Keine Kinderbetreuung, aber es gibt mehrere Spielplätze. Gutes Surfcenter *(www.club-mistral.com)*. *184 Zi. plus 136 Zi. in Bungalows | Tel. 065/ 325 17 81 | Fax 325 17 80 | www. shams-dive.com | €€*

■ ZIEL IN DER UMGEBUNG

MONS CLAUDIANUS ★   **[116 C3]**
Der schwarze Granit, den die Römer bis vor 1800 Jahren aus dem Steinbruch holten, fand in Roms Prachtbauten Verwendung. Zu sehen sind unter anderem Siedlungsreste, halb fertiggestellte Säulen sowie eine schöne Wüstenlandschaft auf dem Weg dorthin. *60 km westlich von Safaga*

> WIE VOR 1000 JAHREN
Nomadische Lebensweise und Tradition

Ganz im Süden des Landes, in der Wüste zwischen Nasser-Stausee und Rotem Meer, leben Stämme der Bejas bzw. Bedschas. Ihre Volksgruppe ist über ein riesiges Areal im Ostsudan, in Ägypten und Eritrea verteilt. Die Lebensweise und Traditionen der insgesamt mindestens 2 Mio. Menschen – fast ausnahmslos muslimische Nomaden – hat sich seit über 1000 Jahren kaum verändert. In Ägypten fühlen sie sich zumeist den Bishari- oder den Ababda-Clans zugehörig. Ihr einziger Kontakt zur Außenwelt sind die wenigen sesshaften Bejas an den Rändern ihrer Lebensräume, etwa im Niltal oder in Quseir. Über sie wickeln sie Handelsgeschäfte ab, meist bargeldlos. Ihre genaue Zahl ist umstritten. Knapp 70 000 Menschen sprechen in Ägypten den Bisharin-Dialekt, wohl ebenso viele den arabischen Ababda-Dialekt.

> WALLFAHRTEN ZU MÖNCHEN UND PHARAONEN

Ausflüge ins frühe Mittelalter und die Antike

Die Touren sind auf dem hinteren Umschlag und im Reiseatlas grün markiert

1 TAGESAUSFLUG ZUM ANTONIUS- UND ZUM PAULUSKLOSTER

Als Antonius und Paulus im 4. Jh. starben, war die Gegend um ihre Felshöhlen auf dem Galala-Plateau längst Anziehungspunkt für Tausende von Glaubensbrüdern. Die Anhängerschar der beiden Einsiedler gründete zwei Klöster, in denen heute noch Mönche leben und arbeiten. Der Ausflug dorthin führt zu den Anfängen des christlichen Klosterwesens und in die eindrucksvolle Bergwelt westlich des Roten Meers.

In den Hotels in und um Hurghada werden Tagestouren mit dem Reisebus zu den Klöstern angeboten. Achten Sie auf Aushänge in Ihrem Hotel, oder fragen Sie an der Rezeption. Die reine Fahrzeit hin und zurück, einschließlich der Stunde Transport zwischen den beiden Klöstern, dauert von Hurghada aus etwa sechs bis sie-

Bild: Säulenhalle im Karnak-Tempel von Luxor

AUSFLÜGE & TOUREN

ben Stunden. Sie können auch ein Taxi mieten. Das kostet je nach Verhandlungsgeschick und Jahreszeit ab 350 £E, ist finanziell also eine durchaus attraktive Option, wenn sich mehrere Insassen den Preis teilen.

Im **Antoniuskloster** *(S. 62)* befinden Sie sich 400 m über dem Meeresspiegel. Weitere 280 m höher liegt die ✳ Höhle, in der Antonius als Einsiedler gelebt haben soll. Für den schönen, anstrengenden Aufstieg

über knapp 1200 Treppenstufen sollten Sie eine Stunde einplanen (Getränke mitnehmen!). Im Kloster zweigen schmale Gassen von einer Art Hauptstraße ab und bilden ein 60 000 m² großes Ensemble mit sieben Kirchen, kleinen Häuschen und Gärten, das von einer 2 m dicken und teilweise 12 m hohen Mauer umgeben ist. Kernstück des Ensembles ist die dreischiffige St.-Antonius-Kirche aus dem 6. Jh., baulich später mehrmals verändert. Sie besitzt zum Teil farbintensive Fresken, von denen jenes im Durchgang zum Sanktuarium, das die Erzengel Gabriel und Michael zeigt, über 1000 Jahre alt ist. Ein kleines Museum informiert über die Klostergeschichte und zeigt alte Manuskripte.

Das **Pauluskloster** *(S. 62)*, arabisch *Deir Anba Bula*, ist kleiner, wirkt mittelalterlicher und ursprünglicher. Es ist von einer 450 m langen Mauer umgeben. Die Pauluskirche wurde über der Grotte des Eremiten Paulus errichtet und später immer wieder um- und ausgebaut. Eine Treppe führt vom Vorraum in die Unterkirche, wo der Marmorsarkophag des Heiligen steht. In beiden Klöstern herrscht Alkohol- und Rauchverbot. Die anstrengende Wanderung von einem Kloster zum anderen (20 km Luftlinie) dauert einen Tag und erfordert unbedingt einen ortskundigen Führer! *Beide Klöster tgl. 9–15 Uhr außer an koptischen Feiertagen | Tel. 02/25 90 60 25 und 25 90 02 18*

2 EINE ZEITREISE AN DIE WIEGE DER ZIVILISATION

Nur 280 km von Hurghada entfernt befindet sich der Ort Luxor, auf Arabisch Al-Uqsur, die Paläste. Homer bezeichnete ihn als „hunderttoriges Theben", Rainer Maria Rilke schwärmte von seiner „unbegreiflichen Tempelwelt". Um Luxors weltberühmte Tempel und Gräberfelder zu besuchen, müssen Sie keine Gruppenreise buchen. Eine ein-, besser mehrtägige Tour auf eigene Faust ist billiger – und spannender allemal.

★ Eintägige Ausflüge ins Niltal nach Luxor gehören zum Standard-

programm der Hotels von El-Gouna bis Marsa Alam. Angesichts der insgesamt über zehnstündigen Busfahrt sind sie eher eine Strapaze als ein Erlebnis. Fragen Sie besser nach zweitägigen Touren oder machen Sie sich allein auf den Weg! Ein Taxi nach Luxor kostet ab 200 £E, egal wie viele Leute drin sitzen. Von Hurghada und Safaga fahren mehrmals täglich Linienbusse dorthin (20–30 £E, Tickets mindestens einen Tag vorher und für die Rückfahrt gleich bei der Ankunft in Luxor kaufen!). Billig übernachten können Sie im einfachen, sehr guten Nefertiti Hotel `Insider Tipp` *(Sharia Maabad Al-Luxor, unweit des Luxor-Tempels | Tel./Fax 095/237 23 86 | www.nefertitihotel.com | €).* Hotelchef Alaa Ad-Din, auch Aladin genannt, organisiert Touren zu den Sehenswürdigkeiten zu fairen Preisen, auch für Nichtgäste. Weitere günstige Hotels sind das **El Gezira** am Westufer unweit der Fähranlegestelle *(Tel. 095/231 00 34 | www.el-gezira.com | €)* und das **St. Joseph** mit Pool *(Sharia Khaled Ibn Al-Walid | Tel. 095/238 17 07 | Fax 238 17 27 | €€).* Genießer wohnen im Al Moudira `Insider Tipp` in West-Theben *(Tel. 012/ 325 13 07 | www.moudira.com | €€€)* oder im **Maritim Jolie Ville Luxor Island Resort** *(Crocodile Island | Tel. 095/227 48 55 | Fax 227 49 36 | www.maritim.de | €€€).*

Der weltberühmte **Karnak-Tempel** *(tgl. 6–18.30 Uhr, im Winter bis 17.30 Uhr | Eintritt, 50 £E)* befindet sich rund 3 km nördlich des Luxor-Tempels, in der Nähe des östlichen Nilufers. Unweit des Eingangs steht der Amun-Tempel. Westlich davon befindet sich das Heiligtum des

Khonsu sowie als drittes Zentrum der Anlage der Festtempel Thutmosis' III. Berühmt ist vor allem der riesige Säulenwald zu beiden Seiten des Mittelgangs. Die 134 kolossalen Säulen haben einen Umfang von etwa 10 m und eine Höhe von 13–24 m.

Der **Luxor-Tempel** im Stadtzentrum ist den Gottheiten Amun und Mut so-

häuschen hinter den Memnonskolossen | tgl. 6.30–18.30, im Winter bis 17.30 Uhr) brauchen Sie den ganzen Vormittag des zweiten Tags. Im **Tal der Könige** (Eintritt drei Gräber 70 £E) sind sehenswert das Grab Ramses' IV. (Nr. 2), das Grab Sethos' I. (Nr. 7) sowie jenes der Königin Tauseret und des Pharaos Seth-

Das Königsgrab Ramses' IV. im Tal der Könige

wie ihrem Sohn Khonsu geweiht. Zwei große Sitzstatuen Ramses' II. säumen den Eingang. Am Nordende der Tempelanlage beginnt die Sphingenallee, die früher bis zum Karnak-Tempel führte. Der Luxor-Tempel ist bis 22 Uhr geöffnet (im Winter bis 21 Uhr | Eintritt 40 £E) und wird abends beleuchtet.

Für die **Nekropole** am Westufer (Eintrittskarten am zentralen Ticket-

nacht (Nr. 14). Das Grab des Tutench-Amun hingegen enttäuscht viele (Eintritt 80 £E). Die dreistöckige Terrassenanlage des Tempels der Hatschepsut schmiegt sich elegant an den Berghang (Eintritt 25 £E). Einen Besuch wert ist auch das **Tal der Königinnen** und das **Ramesseum**. An der Anlegestelle der Fähre warten Taxis, die Sie durch das weitläufige Gelände fahren.

EIN TAG IN HURGHADA & EL-GOUNA

Action pur und einmalige Erlebnisse.
Gehen Sie auf Tour mit unserem Szene-Scout

MORGENRITT

7:00

Frühstück im *Abu Ashara Supermarket* kaufen, im *Badeya Club* gesatteltes Pferd schnappen und in die Wüste traben. Unterwegs frühstücken. Abenteuerfeeling pur! **WO?** *Abu Ashara Supermarket: Sheraton Road, Siqala | rund um die Uhr offen | Badeya Country Club: Safaga Road, Nähe Airport, Hurghada | Tel. 012/215 75 24 | www.badeya.com | Kosten: ab 15 Euro/Std.*

10:00

RALLYE DELUXE!

Bei der Quadrallye über Sanddünen alles geben. Wer verliert, muss den Drink danach bezahlen! **WO?** *Bustan Bike Centre, Mangroovy Beach, El-Gouna | Tel. 018/510 85 65 | 20 Euro/Std.*

LUNCH MARITIM

12:00

Frischen Fisch in frischer Brise genießen. *The Hut* serviert Spezialitäten aus dem Meer, gegrillt oder frittiert, unter Palmendächern direkt am Ufer – und das unschlagbar lecker und billig! Der Blick auf die See ist kostenlos. **WO?** *an der Nordspitze der Abu Tig Marina, El-Gouna*

13:00

SCHNELL WIE DER WIND

Kitesurfen steht nun auf dem Programm. Schnell rauf aufs Brett, Wind um die Nase wehen lassen und mit den anderen um die Wette sausen. Anfänger belegen am besten einen Schnupperkurs! **WO?** *Kitepower El-Gouna | www.kitepower-elgouna.com | Tel. 012/265 95 96 | Kosten: ab 60 Euro*

24 h

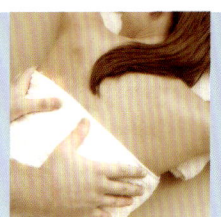

WOHLFÜHLOASE

16:00

Die Seele baumeln lassen – im einzigen türkischen Bad der Gegend, das von Türken betrieben wird. Dampfsauna, Körperpeeling, Massage nach traditionellen Methoden. Entspannen und fit werden für den Abend! **WO?** Antalya Turkish Bath Hurghada, Mubarak 2 | Tel. 065/344 25 17 | Kosten: ab 29 Euro

18:00

SUNDOWNER

Am Strand mit kühlen Drinks und sanfter Chill-out-Musik relaxen. Die weltweit einzige Beach-Lounge des international bekannten Londoner Plattenlabels *Hedkandi* serviert stilvoll Cocktails und Appetizer. Total cool! **WO?** *Sheraton Road, Siqala, südlich des Aqua Fun Hotel, Hurghada | www.hedkandibeachbar.com*

DINNER & DANCING

21:00

Sphärisches Hineingleiten in die Nacht in der *Little Buddha Bar:* Bei Trance- und Dancefloormusik schmecken Sushi und frische Calamari besonders gut. Und nach dem Dinner inspirieren DJs wie DJ Carlos vom Kairoer Radiosender *Nile FM* zum Tanzen. Praktisch: Dinner und Party in einem! **WO?** *Sindbad Resort, Village Road, Hurghada | www.littlebuddha-hurghada.com*

1:00

STERNENZAUBER

Romantischer gehts kaum: eine Nacht im Freien unter dem faszinierenden Sternenhimmel der Östlichen Wüste. Der Beduinenguide richtet das Nachtlager her, hält Decken bereit, backt Fladenbrot am Lagerfeuer und kocht einen köstlichen Gemüse-Fleisch-Eintopf. Man selbst muss nur eines: genießen. **WO?** *Buchung: Ahmed Hassan von Prince Desert Safari, Hospital Road, gegenüber vom Triton Empire Hotel, Al-Dahar, Hurghada | Tel. 012/365 39 08 oder 065/354 98 82 | www.hurghada-only.com/safari/safari.html | 90 Euro/ab 3 Pers.*

> TAUCHEN, SURFEN, GOLF UND WANDERN

Wer am Roten Meer und auf dem Sinai Langeweile hat, ist selbst schuld. Die besten Plätze für Ihren Lieblingssport finden Sie hier

> **Das konstant warme Wasser des Roten Meers und seine weit über 1000 km Strand machen die Region zum Topziel für Wassersportler aller Art. Es gibt kein Hotel, das nicht mit entsprechenden Freizeitangeboten aufwartet oder sie vermittelt.**
Achtung: Den Stränden mancher Hotels sind Saumriffe vorgelagert, sodass Sie zum Baden an einen anderen Strand gehen müssen. Vorher erkundigen!

Übers gesamte Jahr verteilt finden in den Ferienzentren vor allem sportliche Events statt. Das Spektrum reicht von internationalen Angelwettbewerben bis zu Squash- und Tauchmeisterschaften.

■ GOLF

Der Platz des *El-Gouna Golf Clubs* am Steigenberger-Hotel ist von Lagunen umgeben *(Tel. 065/358 00 09 | golf@elgouna.com)*. Für die Leser

> *www.marcopolo.de/rotesmeer-sinai*

SPORT & AKTIVITÄTEN

des deutschen „Golf Journals" ist der Platz *The Cascades* vor Meeres- und Wüstenkulisse der elftbeste unter den Top 20 weltweit. Gestaltet wurde die Anlage in der Soma Bay von Gary Player, einem der erfolgreichsten Golfer aller Zeiten *(Tel. 065/354 98 96 | Fax 354 49 01 | www.thecas cades.com)*. In Sharm El-Sheikh können Sie im *Jolie Ville Mövenpick Resort* golfen *(Tel. 069/360 06 35 | Fax 360 06 42 | golfclub@golf-jolie moven.com)*, in ʾAin Sukhna im Hotel *Stella di Mare (www.stelladi mare.com)*. Ende 2005 wurde der fünfte Golfplatz am Roten Meer eröffnet, und zwar in der Ferienanlage *Taba Heights (www.tabaheights. com)* südlich von Taba.

JETSKI, WASSERSKI & PARAGLIDING

Auf dem Sinai sowie in und um Hurghada finden Sie überall Anbieter

– auch für das trendige Wakeboarding, eine Art rasantes Wasserski auf einem Brett, bei dem hinter dem Boot über dessen Heckwellen geturnt wird. Südlich von Quseir sind diese Aktivitäten zum Schutz der Unterwasserwelt oft nicht erlaubt.

MOTORSPORT

Über fast alle Hotels in und um Hurghada, Sharm El-Sheikh, Safaga, Quseir und Marsa Alam können Sie Quadtrips in die Wüste buchen. Kein besonders naturschonender Sport, aber mehr und mehr Anbieter wählen dafür nur die bereits eingefahrenen Pisten.

Etwas Besonderes sind die Quadfahrten durch den ehemaligen Phosphattagebau bei Quseir. In Sharm El-Sheikh können Sie bei *Euroscooter* Motorroller mieten *(Hadaba | Misr Petroleum | Tel. 012/249 80 10),* und die Firma *Red Sea Star* bietet auch Motorräder für Ausfahrten an *(Naama Bay | Gafy Land Resort | Tel. 012/796 05 17 und 322 47 46).*

REITEN

Neben Pferden werden überall auch Kamele zum Reiten angeboten. Man muss nur die Strände und die Uferpromenaden entlangspazieren und sich umgucken. Längere Touren können Sie mit Beduinen zusammen organisieren, die sehr zuverlässige Begleiter sind, oder über Ihre Camps und Hotels buchen. Ein Pferdeausritt kostet zwischen 20 und 150 £E pro Stunde.

SURFEN

Die zunehmende Uferbebauung in Hurghada hat die ablandigen Winde zwar spürbar abgeschwächt, beliebt bei Surfern aber ist z. B. der Strand vor dem Magawish Village *(www.co lonawatersports.com).* Zu den besten Surfclubs gehören das *Pro Center Jasmin* im Jasmin Village *(www. tommy-friedl.com.)* sowie die *Giftun*

Ausritte in die Wüste werden von vielen Veranstaltern angeboten

Soul Surfers (www.windsurfen.org). Als hervorragender Surfspot gilt die *Dahab Bay,* besonders auch für Anfänger. Dort empfehlenswert: die beiden *Surf & Action Center (www.harry-nass.com).* Zu den besten Surfgegenden des Landes zählen die Küsten um *Safaga* und *Ras Sudr.* In beiden Orten finden Sie den *Club Mistral (www.club-mistral.com).* Die meisten guten Surfstationen bieten auch Kitesurfen an. Ein Anfängerkurs Windsurfen (inkl. Ausrüstung) kostet ab 150 Euro (5 mal 2 Std.).

■ TAUCHEN ■■■■■■■■■■

Vor allem für Anfänger ist es schwierig, sich für eine der vielen Tauchschulen zu entscheiden. Eine Hilfe können die verschiedenen Zertifikate sein. Überprüfen Sie, ob die Station nach den Richtlinien eines anerkannten Verbands arbeitet. Werfen Sie einen Blick in das Center: Ist es sauber und aufgeräumt? In welchem Zustand befindet sich die Ausrüstung? Werden deutschsprachige Kurse angeboten? In Hurghada gründeten Tauchclubs zum Schutz der Riffe den Umweltverband HEPCA. Möchten Sie deren Arbeit unterstützen, wählen Sie einen dieser Tauchclubs. Hervorragende Stationen, die auch auf deutsch betreuen, sind in Sharm El-Sheikh die *Sinai Divers (www.sinaidivers.com)* sowie das *Shark's Bay (www.sharksbay.de),* in Dahab die *Inmo Divers | (www.inmodivers.de),* in El-Gouna die *Blue Brothers (www.bluebrothersdiving.de)* und der *Dive Tribe (www.divetribe.de),* in Hurghada das *Jasmin Diving Center (www.jasmin-diving.com).* Am Golf von Aqaba befinden sich die Riffe oft in Ufernähe. Auf der Hurghada-Seite müssen Sie mit Booten zu ihnen rausfahren. Als Traumspots gelten unter Tauchern die ★ Korallenriffe vor der Küste südlich von Quseir bis zum Sudan, teilweise mehrere Stunden entfernt. Einsatzbereite Dekompressionskammern *(Hyperbaric Chambers)* gibt es in Sharm El-Sheikh, El-Gouna, Hurghada und Marsa Alam. Fünf Tage Tauchen kosten insgesamt ab 200 Euro plus 25 Euro pro Tag für die Ausrüstung. Eine hervorragende Infobörse ist *www.taucher.net.*

■ WANDERN & TREKKING ■■■

In vielen Hotels und Camps der Region werden Touren à la carte veranstaltet. Auf dem Sinai sind die wirklichen Spezialisten jedoch die Beduinen. Zusammen mit Sliman Abu Hmed bietet die Ethnologin Katrin Biallas Wanderungen durch die **Insider Tipp** Berge an. Auf ihrer Webseite unter *Reisen/Tipps 2* verrät sie außerdem die Beduinenführer ihres Vertrauens, inklusive Telefonnummern *(www.sinai-bedouin.com).* Ökologisch orientierte Touren mit Kamel oder Mountainbike bietet das *Centre for Sinai* in Dahab an *(Tel. 069/364 07 02 | www.centre4sinai.com.eg).* Safaris speziell für Kinder organisieren die (deutschsprachigen) *Sinai Experts (www.sinai-experts.com).* Touren mit Beduinen veranstaltet *Sub Sinai* in *Dahab (Tel. 069/364 13 17 | www.subsinai.com).* Mehr und mehr wird Ägypten zum Ziel von Hobbyornithologen. Die wichtigsten Vogelschutzgebiete des Landes finden Sie im Internet unter *www.eeaa.gov.eg/english/main/protect_bird.asp.*

SAND, STRAND UND ABENTEUER

Rotes Meer und Sinai eignen sich hervorragend für einen Urlaub mit Kindern, denn (fast) alles, wofür die Eltern dorthin fahren, gefällt auch den Kleinen

> Die meisten Hotelbetreiber haben sich nicht nur mit speziellen Angeboten und Einrichtungen auf junge und jüngste Gäste eingestellt; man wird Ihre Kinder auch sonst überall willkommen heißen. Ägypter sind vernarrt in Kinder, in die eigenen und in die der Gäste. Fast nirgendwo werden sie als störend oder unpassend empfunden, zu keiner Tages- und keiner Nachtzeit. Ausnahme: In feinen Restaurants mit Barbetrieb gibt es abends eine Altersbeschränkung. Ansonsten nehmen Ägypter ihren Nachwuchs überall hin mit. Sie können es getrost genauso halten! Kindern wird in Ägypten alles nachgesehen. Das Schlimmste, was Ihnen als Eltern passieren kann, ist, dass sich Ihre Kinder daran gewöhnen. In den Ferienanlagen sind Spielplätze und Kinderswimmingpools die Regel, manchmal gibt es einen Zoo oder einen Kinderbauernhof. Oft werden auch spezielle Tagesprogramme mit Betreuung angeboten. Lassen Sie Ihre Kinder auf gar keinen Fall allein durch die Gegend streifen, auch nicht durch die nä-

here. Außerhalb der Hotels lauern manchmal Unfallgefahren: nicht abgesicherte Baustellen oder Brunnen, metertiefe Löcher auf antiken Ruinenfeldern oder von Laternen herabhängende Stromkabel.

■ MOSCHEEN & MINARETTE ■

Entführen Sie Ihre Kinder in eine fremde Welt! Das Betreten der Gebetshäuser der Muslime ist tagsüber auch Nichtmuslimen problemlos möglich. Fast alle Moscheen am Roten Meer wurden erst in den letzten Jahrzehnten erbaut, ein historisches Kleinod dagegen ist die Moschee *Sheikh al-Farran* an der Uferpromenade in Quseir. Der Teil hinter dem neueren Anbau wurde 1704 erbaut, ihr ebenso altes Minarett kann bestiegen werden.

■ REITEN ■

Einige Reitschulen veranstalten Ponyreiten für die Kleinen. In Camps und Hotels, die mit Beduinen zusammenarbeiten, wird Kindern das Reiten auf dem

>MIT KINDERN UNTERWEGS

Kamel beigebracht. Im *Yalla Horse-stable* in El-Gouna können Sie Ihre Kinder für 16 Euro pro Stunde sogar auf Eseln reiten lassen. Auch der Reitstall im *Mövenpick Resort El-Quseir* bietet Pferde- und Kamelreiten unter fachkundiger Anleitung an.

■ SAFARIS ■

Ein- bis zweitägige Safaris in die Wüste oder in die Berge eignen sich gut auch als Kinderabenteuer, mit abendlichen Lagerfeuern und Nächten im Schlafsack unter freiem Himmel. Die beduinischen Führer sind umsichtig und um die Sicherheit Ihrer Kinder besorgt, als wären es ihre eigenen. Besonders einfach können sie diese Safaris in den Badeorten und Hotels auf dem Sinai buchen. Mehrtägige Kameltouren sind allerdings sehr strapaziös, nehmen Sie deshalb am besten einen Jeep! Von den Küstenorten am Golf von Aqaba aus können Sie solch eine Tour mit einem Abstecher zum Colored Canyon verbinden. In der beeindruckenden Landschaft werden sich Ihre Kinder wie in einem Abenteuerfilm fühlen.

■ VERGNÜGUNGSPARKS ■

Ein Tag im Spaßbad ist nicht billig (Tageskarte ab 20 Euro), aber kommt bei Kindern immer gut an. Die beiden größten Vergnügungsparks dieser Art am Roten Meer sind der Titanic Aquapark in Hurghada und der Cleopark in Sharm El-Sheikh. Zu den Rennern im *Titanic Aquapark* gehören die originellen Wasserrutschen, von denen es ein Dutzend gibt *(Safaga Road, neben dem Hotel Ali Baba Palace, Hurghada | tgl. 10 Uhr bis Sonnenuntergang)*. Im *Cleopark* ist alles pharaonisch gestaltet, und die Rutschen tragen Namen wie »Die Trophäe der Königin«, »Die verschollene Pyramide« oder »Skorpionenattacke«. »Cleopatras Bad« ist ein Wellenpool *(Naama Bay, hinter dem Hotel Hilton Sharm Dreams, Sharm El-Sheikh | tgl. 10 Uhr bis Sonnenuntergang | www.cleopark.net)*.

> VON ANREISE BIS ZOLL

Urlaub von Anfang bis Ende: die wichtigsten Adressen und Informationen für Ihre Reise ans Rote Meer und in den Sinai

ANREISE

Fluggesellschaften wie TUIfly (*www.tuifly.com*) oder Air Berlin (*www.airberlin.com*) bieten günstige Nurflüge nach Sharm El-Sheikh, Hurghada und Marsa Alam an, mit etwas Glück schon für 200 Euro. Die maximale Aufenthaltsdauer beträgt allerdings 31 Tage. Direktflüge mit *Egypt Air* ans Rote Meer sind die Ausnahme, sie kosten ab 350 Euro.

AUSKUNFT

FREMDENVERKEHRSÄMTER
Kaiserstraße 64 a | Frankfurt/Main | Tel. 069/25 21 53 | Fax 23 98 76 | www.touregypt.net; Opernring 3/3 | Wien | Tel. 01/587 66 33 | Fax 587 66 34; *Marktgasse 59 | Bern | Tel. 031/311 22 10 | Fax 311 22 85*

AUTO

Im Straßenverkehr gelten ähnliche Regeln wie in Europa. Die Ägypter halten sie allerdings oft nicht ein. Die Hauptstraßen sind schlecht ausgeschildert, aber gut ausgebaut. Rechnen Sie damit, dass Ihnen über Land nachts sogar Tanklaster ohne Licht entgegenkommen. Ein internationaler Führerschein ist Vorschrift.

BANKEN & GELD

Banken und Wechselstuben tauschen die gängigen Devisen (Euro, Dollar, Schweizer Franken) sowie Travellerschecks ein. Banken öffnen in der Regel sonntags bis donnerstags von 8.30 bis 14 Uhr und von 18 bis 21 Uhr (im Winter von 17 bis 20 Uhr). An Geldautomaten erhalten Sie problemlos Bargeld mit der Kreditkarte (Visa, Mastercard) bzw. oft auch mit der ec-Karte, wenn diese das Maestro- oder Cirrus-Logo trägt. Auch an Bankschaltern bekommen Sie mit der Kreditkarte Geld. Diese Karten werden außerdem in vielen Restaurants und Geschäften akzeptiert. Bei Verlust rufen Sie die 24-Stunden-Hotline des Ausstellers in Europa an. An entlegene Orte sollten Sie Bargeld mitnehmen. Heben Sie Umtauschbelege auf. Geldrücktausch ist möglich, es dürfen nur bis zu 5000 £E ein- bzw. ausgeführt werden.

DIPLOMATISCHE VERTRETUNGEN

DEUTSCHE BOTSCHAFT
2, Sharia Berlin (Sharia Hassan Sabri) | Zamalek, Kairo | Tel. 02/ 27 28 20 00 | Fax 27 28 21 59 | www. kairo.diplo.de

ÖSTERREICHISCHE BOTSCHAFT
5, Sharia Wissa Wassef/Sharia El-Nil | El-Riad Tower, Giza, Kairo | Tel. 02/ 35 70 29 75 | Fax 35 70 29 79 | www. austriaegypt.org

BOTSCHAFT DER SCHWEIZ
10, Sharia Abd Al-Khaliq Tharwat | Downtown, Kairo | Tel. 02/ 25 75 82 84 | Fax 25 74 52 36 | www. eda.admin.ch/cairo

ÄGYPTISCHE KONSULATE
Stauffenbergstraße 6–7 | Berlin | Tel. 030/47 90 18 80 | Fax 477 40 00 | www.egyptian-embassy.de;
    Hohe Warte 54 | Wien | Tel. 01/370 81 08 | www.egyptembassyvienna.at |

WÄHRUNGSRECHNER

€	£E	£E	€
1	7,10	10	1,48
2	14,20	20	2,92
3	21,30	25	3,52
4	28,40	30	4,23
5	35,50	40	5,63
7	49,70	50	7,04
8	56,80	70	9,86
9	63,90	80	11,27
10	71,00	90	12,68

Elfenauweg 61 | Bern | Tel. 031/ 352 80 12

EINREISE

Ihr Reisepass muss am Einreisetag mindestens noch drei Monate gültig sein. Das Visum erhalten Sie bei den ägyptischen Konsulaten im Heimatland oder als Deutscher, Schweizer oder Österreicher billiger direkt am Flughafen in Ägypten (15 US$). Im Flugzeug werden weiße Karten verteilt, die Sie ausfüllen und später bei der Passkontrolle vorlegen müssen. Wenn Sie noch kein Visum besitzen: Die Visamarken gibt es an den Geldwechselschaltern vor der Passkontrolle. Das vor Ort ausgestellte Visum ist vier Wochen gültig. Bei der Einreise über Taba /Eilat erhalten Sie ein Visum, das nur 14 Tage und nur für die Sinai-Ostküste bis einschließlich Sharm El-Sheikh und Katharinenkloster gilt (aber nicht bis Ras Mohammed). Wer von einem Israel- oder Jordanienausflug wieder nach Ägypten einreisen will, braucht ein Re-entry-Visum.

FOTOGRAFIEREN

Außer Militäranlagen sowie Häfen, Brücken, Bahnhöfen und Flugplätzen dürfen Sie alles fotografieren. Filme sind teuer und manchmal schlecht gelagert.

FRAUEN

Auch für allein reisende Frauen ist Ägypten ein sicheres Land. Touristinnen werden oft von ägyptischen Männern angesprochen und umworben. Das kann lästig sein, gefährlich ist es in der Regel nicht. Vermeiden Sie alles, was Ihrem Gegenüber Hoffnung auf eine Affäre machen könnte. Sagen Sie notfalls, Sie seien verheiratet. Vermeiden Sie engen Körperkontakt, zum Beispiel in überfüllten Bussen. In aufdringlicheren Situationen werden Sie einfach so laut, dass alle Umstehenden Sie hören können! Man wird Ihnen schnell helfen.

GESUNDHEIT

Spezielle Schutzimpfungen sind nicht vorgeschrieben. Es ist ratsam, gegen Tetanus und Kinderlähmung geimpft zu sein. In ländlichen Gebieten besteht das Risiko, sich mit Hepatitis A anzustecken. In stehenden Gewässern über Land und im Nil nicht baden: Bilharziose-Gefahr! Essen Sie nur geschältes oder gründlich gewaschenes Obst und Gemüse. Das Leitungswasser eignet sich nicht zum Trinken. Mineralwasser gibt es überall billig zu kaufen. Die medizinische Versorgung in Hurghada und Sharm El-Sheikh ist zufriedenstellend bis gut. Fast alle Medikamente sind erhältlich. In kleineren Orten finden Sie immer kompetente Ärzte, aber das nächste Krankenhaus kann weit entfernt sein. Alle Behandlungen müssen Sie bezahlen. Schließen Sie am besten eine Reisekrankenversicherung ab!

INTERNET

Die offizielle Seite des ägyptischen Tourismusministeriums, *www.tour egypt.net,* hat über 11 000 Unterseiten. Touristische Infos zu den Regionen am Roten Meer erhalten Sie auf folgenden Seiten: *www.sinai4you. com, www.allsinai.info, www.hurg hada.com* sowie *www.goredsea.com.* Allerdings wird oft nicht klar, wie neutral und aktuell die Angaben sind. Unter dem Link Familienferien bietet *www.kaironetz.de* immer wieder interessante Tipps für Reisen im Land.

INTERNETCAFÉS & WLAN

In den meisten Orten gibt es Highspeed-Internetcafés *(pro Stunde zwischen 2 und 50 £E)*. Sollten Sie mit dem Laptop reisen: Die Einwahl ins Internet per Modem kostet nur die Gebühren eines Ortsgespräches, etwa 1,20 £E pro Stunde. Zugangsnummer wählen und ohne Passwort und Benutzernamen einloggen. Manche Hotels, Restaurants und Cafés sind WLAN-Hotspots *(Infos unter www.thewayout.net)*.

KLEIDUNG

Leichte, luftige Kleidung eignet sich am besten. Im Winter sollten Sie unbedingt ein paar warme Sachen dabeihaben, besonders wenn Sie Übernachtungen in den Bergen des Sinai oder in der Wüste planen. Festes Schuhwerk ist empfehlenswert! Die meisten Ägypter finden Shorts bei Männern lächerlich, aber in den Urlaubsorten sind sie daran gewöhnt. Ägypten ist eine konservative Gesellschaft. Wenn Sie das als Frau respektieren möchten, vermeiden Sie Kleidung, die zu sehr den Körper betont, Miniröcke und schulterfreie Tops! Kurzärmelig ist okay. In den Strandhotels haben sich westliche Kleidungssitten eingebürgert. Generell gilt: Je weiter Sie sich von den Urlaubs- und Touristenzentren entfernen, desto besser ist es, auf das Tragen knapper Badebekleidung zu verzichten.

MIETWAGEN

In den Badeorten vermieten internationale Anbieter wie Hertz, Avis und Budget Wagen zu europäischen Preisen, sie haben Niederlassungen meistens in besseren Hotels und an den Flughäfen.

MINEN

An den Küsten des Roten Meers sowie in den Wüsten und Bergen des Hinterlands liegen immer noch Minen aus verschiedenen Kriegen. Verlassen Sie die Wege nur in ortskundiger Begleitung, nehmen Sie Warnschilder und Absperrungen ernst, und baden Sie nur an Meeresstränden, an denen das Baden üblich ist.

NOTRUF

Polizei: Tel. 122; Feuerwehr: Tel. 125; Notarzt: Tel. 123

> WAS KOSTET WIE VIEL?

> **BIER** — **AB 1,50 EURO** für eine Flasche Bier

> **TAUCHEN** — **AB 250 EURO** für einen 5-Tage-Kurs

> **WASSER** — **AB 20 CENT** für 1,5 l Mineralwasser

> **IMBISS** — **AB 5 CENT** für ein Falafel-Sandwich

> **SOUVENIR** — **AB 10 EURO** für eine Wasserpfeife

> **BUS** — **AB 7 EURO** für die Überlandstrecke Hurghada-Luxor

ÖFFENTLICHE VERKEHRSMITTEL

Von Marsa Alam, Quseir, Safaga und Hurghada/El-Gouna sowie von Taba, Nuweiba, Dahab, Sharm El-Sheikh und vom Katharinenkloster fahren Linienbusse nach Kairo und zurück sowie auch zwischen den Orten, meistens mehrmals täglich. Sie sind bequem und billig. Von Hurghada und Safaga gehen mehrere Linienbusse täglich nach Luxor. Tickets besser einen Tag im Voraus kaufen! Zwischen vielen Orten fahren billige

Sammeltaxis. Fragen Sie in Ihrem Hotel. Längere Privattaxitouren mögen ein paar Hundert Pfund kosten, aber wenn sich mehrere Leute den Preis teilen, lohnt sich das. Inlandsflüge mit Egypt Air sind teuer.

◼ POST

Postämter sind täglich außer freitags von 8 bis 15 Uhr offen. Stecken Sie Ihre Post nur in die Briefkästen an den Postämtern oder geben Sie sie im Hotel ab!

◼ PREISE & WÄHRUNG

Ägypten ist ein billiges Reiseland, allerdings nur außerhalb der besseren Hotels und Resorts. Das Ägyptische Pfund (£E oder EGP) unterteilt sich in 100 Piaster (Pt). Manchmal werden Gebühren oder Eintritts- oder Ticketpreise in Euro oder Dollar angegeben. Trotzdem können Sie immer in Ägyptischen Pfund bezahlen, zum Tageskurs umgerechnet. Einige bessere Hotels bevorzugen allerdings Euro oder Dollar. Fragen Sie bitte rechtzeitig vorher.

◼ REISEZEIT

Die beste Reisezeit liegt zwischen November und April. In den übrigen Monaten sind 30 bis 36 Grad Höchsttemperatur normal. Von Dezember bis Februar kann es nachts, manchmal auch tagsüber, kalt sein.

◼ SICHERHEIT

Ob in den Städten oder in den Dörfern, Sie können sich rund um die Uhr sicher bewegen. Übergriffe auf Ausländer kommen so gut wie nicht vor, abgesehen von Taschendiebstählen im Gewühl der Touristenbasare. Nach den Anschlägen auf das Taba Hilton Hotel 2004 und in Sharm El-Sheik 2005 wurden die Sicherheitsmaßnahmen verschärft, besonders

WETTER IN HURGHADA

Jan.	Feb.	März	April	Mai	Juni	Juli	Aug.	Sept.	Okt.	Nov.	Dez.
21	22	24	26	30	31	33	34	31	29	26	23

Tagestemperaturen in °C

Jan.	Feb.	März	April	Mai	Juni	Juli	Aug.	Sept.	Okt.	Nov.	Dez.
9	10	12	16	21	23	24	25	23	20	15	12

Nachttemperaturen in °C

Jan.	Feb.	März	April	Mai	Juni	Juli	Aug.	Sept.	Okt.	Nov.	Dez.
8	8	9	10	11	12	13	12	11	10	9	8

Sonnenschein Std./Tag

Jan.	Feb.	März	April	Mai	Juni	Juli	Aug.	Sept.	Okt.	Nov.	Dez.
1	2	1	1	1	0	0	0	1	1	1	2

Niederschlag Tage/Monat

Jan.	Feb.	März	April	Mai	Juni	Juli	Aug.	Sept.	Okt.	Nov.	Dez.
22	21	22	23	26	29	31	30	29	26	25	24

Wassertemperaturen in °C

PRAKTISCHE HINWEISE

auf dem Sinai. Fast alle Ägypter verurteilen Gewalt gegen Touristen entschieden. Aktuelle Informationen über die Sicherheitslage in Ägypten können Sie unter *www.kairo.diplo.de* abrufen.

STROM

Die Netzspannung beträgt 220 V, Adapter sind nicht nötig.

TAXI

Taxifahrten in den Bade- und Urlaubsorten sind erheblich teurer als in Kairo oder in den Provinzstädten. Fragen Sie vorher an der Hotelrezeption nach den gängigen Tarifen! Viele Taxis besitzen Taxameter, aber die Fahrer ignorieren sie oder schalten sie nicht ein.

TELEFON & HANDY

Gespräche nach Europa sind teuer, ab 0,35 Euro pro Minute. Wenn Sie vom Hotel oder vom mitgebrachten Handy aus anrufen, vervielfacht sich dieser Preis. Die Ländervorwahl für Ägypten ist 0020, für Deutschland 0049, für Österreich 0043, für die Schweiz 0041. Am billigsten telefonieren Sie mit Ihrem Handy innerhalb Ägyptens, wenn Sie sich eine Prepaidkarte der Mobilfunkanbieter MobiNil, Vodafone oder Etisalat kaufen.

TRINKGELD

In Restaurants sind 5–10 Prozent der Rechnungssumme üblich. Wenn Ihr Kellner nicht derjenige ist, der auch kassiert, dann geben Sie ihm extra ein bis zwei Pfund! Gepäckträger bekommen etwa 3 bis 5 £E, Zimmermädchen 10 £E die Woche.

ZEIT

Die Differenz zur Mitteleuropäischen Zeit (MEZ) beträgt plus eine Stunde. Auch in Ägypten gibt es eine Sommerzeit, sie beginnt jedoch etwa vier Wochen später und endet vier Wochen früher als in Deutschland.

Küste bei Nuweiba

ZOLL

Dinge des persönlichen Bedarfs sind bei der Einreise zollfrei, inklusive der Kamera und bis zu 200 Zigaretten oder 50 Zigarren oder 250 g Tabak sowie 1 l Spirituosen. Laptops und andere elektronische Geräte sollten angemeldet werden. Es ist strikt untersagt, Antiquitäten auszuführen. Bei Wiedereinreise in die EU sind u. a. zollfrei 200 Zigaretten, 2 l Wein, 1 l Spirituosen und sonstige Waren im Wert von bis zu 175 Euro.

> DO YOU SPEAK ENGLISH?

„Sprichst du Englisch?" Dieser Sprachführer hilft Ihnen,
die wichtigsten Wörter und Sätze auf Englisch zu sagen

Aussprache

Zur Erleichterung der Aussprache sind alle englischen Wörter mit einer einfachen
Aussprache (in eckigen Klammern) versehen. Folgende Zeichen sind Sonderzeichen:

ə   nur angedeutetes „e" wie in bitte
θ   [s] gesprochen mit der Zungenspitze zwischen den Zähnen
'   die nachfolgende Silbe wird betont

■ AUF EINEN BLICK ■

Ja/Nein	Yes [jäs]/No [nəu]
Vielleicht	Perhaps [pə'häps]/Maybe ['mäibih]
Bitte/Danke	Please [plihs]/Thank you ['θänkju]
Gern geschehen.	You're welcome. [joh 'wälkəm]
Entschuldigung!	I'm sorry! [aim 'sori]
Wie bitte?	Pardon? ['pahdn]
Ich verstehe Sie/dich nicht.	I don't understand. [ai dəunt andə'ständ]
Können Sie mir bitte helfen?	Can you help me, please? ['kən ju 'hälp mi plihs]
Guten Morgen!	Good morning! [gud 'mohning]
Guten Abend!	Good evening! [gud 'ihwning]
Guten Tag!	Good morning!/afternoon!/evening! (je nach Tageszeit) [gud 'mohning/ahftə'nuhn/'ihwning]
Hallo! Grüß dich!	Hello! [hə'ləu]/Hi! [hai]
Wie ist Ihr/dein Name?	What's your name? [wots joh 'näim]
Mein Name ist …	My name is … [mai näim is]
Ich komme aus …	I'm from … [aim frəm]
… Deutschland.	… Germany. ['dschöhməni]
… Österreich.	… Austria. ['ohstriə]
… der Schweiz.	… Switzerland. ['switsələnd]
Auf Wiedersehen!	Goodbye! [‚gud'bai]/Bye-bye! [‚bai'bai]
Tschüss!	See you! [sih ju]/Bye! [bai]
Hilfe!	Help! [hälp]
Rufen Sie bitte …	Please call … ['plihs 'kohl]
… einen Krankenwagen.	… an ambulance. [ən 'ämbjuləns]
… die Polizei.	… the police. [θə pə'lihs]
Wie viel Uhr ist es?	What time is it? [wot 'taim_is_it]
heute/morgen	today [tə'däi]/tomorrow [tə'morəu]

SPRACHFÜHRER
ENGLISCH

■ UNTERWEGS

Bitte, wo ist …
Excuse me, where's … [iks'kjuhs 'mih 'weəs]

… der Bahnhof?
… the station? [θə 'stäischn]

… der Flughafen?
… the airport? [θə 'eəpoht]

… die Haltestelle?
… the stop? [θə stəp]

… der Taxistand?
… the taxi rank? [θə 'täksiränk]

Bus/Fähre/Zug
bus [bas]/ferry ['färi]/train [träin]

Können Sie mir bitte sagen, wie ich nach … komme?
Could you tell me how to get to …, please? ['kud_ju 'täl me hau tə gät tə … plihs]

Gehen Sie geradeaus.
Go straight on. [gəu sträit 'on]

Gehen Sie nach links/rechts.
Turn left/right. [töhn 'läft/'rait]

Erste/Zweite Straße links/rechts.
The first/second street on the left/right. [θə 'föhst/'säknd striht on θə 'läft/'rait]

nah/weit
near [niə]/far [fah]

Überqueren Sie …
Cross … ['kros]

… die Brücke.
… the bridge. [θə 'bridsch]

… die Straße.
… the street. [θə 'striht]

… den Platz.
… the square. [θə 'skweə]

Ich möchte … mieten.
I'd like to hire … [aid' laik tə 'haiə]

… ein Auto …
… a car. [ə 'kah]

… ein Fahrrad …
… a bike. [ə 'baik]

… ein Boot …
… a boat. [ə 'bəut]

Wo ist die nächste Tankstelle?
Where's the nearest petrol station? ['weəs θə 'niərist 'pätrəlstäischn]

Ich habe eine Panne.
My car's broken down. [mai 'kahs 'brəukn 'daun]

Der Wagen springt nicht an.
The car won't start.

Die Batterie ist leer.
The battery is flat. [θə 'bätəri is flät]

Gibt es hier in der Nähe eine Werkstatt?
Is there a garage nearby? ['is θeə_ə 'gärahdsch 'niərbai]

offen/geschlossen
open ['əupn]/closed [kləusd]

drücken/ziehen
push [pusch]/pull [pull]

Eingang/Ausgang
entrance ['äntrəns]/exit ['ägsit]

Wo sind bitte die Toiletten?
Where are the restrooms, please? ['weərə θə restrums plihs]

Damen/Herren
Ladies ['läidies]/Gentlemen ['dschäntlmən]

■ ESSEN & TRINKEN

Die Speisekarte, bitte.
May I have the menu, please. ['mäi ai häw θə 'mänjuh plihs]

Ich nehme …	I'll have … [ail häw]
Bitte ein Glas …	A glass of …, please [ə 'glahs_əw … plihs]
Besteck	cutlery ['katləri]
Messer/Gabel/Löffel	knife [naif]/fork ['fohk]/spoon ['spuhn]
Vorspeise	hors d'œuvre [oh'döhwr]/starter ['stahtə]
Hauptgericht	main course ['mäin 'kohs]
Nachspeise	dessert [di'söht]/sweet [swiht]
Salz/Pfeffer	salt [sohlt]/pepper ['päpə]
scharf	hot [hot]
Ich bin Vegetarier/in.	I'm a vegetarian. [aim a ,wädschi'teəriən]
Trinkgeld	tip [tip]
Die Rechnung, bitte.	May I have the bill, please? ['mäi ai häw θə 'bil plihs]

Wo finde ich …	Where can I find … ['weə 'kən_ai 'faind]
… eine Apotheke?	… a chemist? [ə 'kämist]
… eine Bäckerei?	… a bakery? [ə bäikəri]
… ein Kaufhaus?	… a department store? [ə di'pahtmənt stoh]
… ein Lebensmittelgeschäft?-	… a food store? [ə 'fuhd stoh]
… einen Markt?	… a market? [ə 'mahkit]
Haben Sie …?	Have you got …? ['həw ju got]
Ich möchte …	I'd like … [aid 'laik]

> ARABISCH
Das Wichtigste in der Landessprache

Ja./Nein.	na'am/la oder: kalla	نعم/لا، كلا
Bitte./Danke.	min fadlak/schukran	من فضلك/شكرا
Entschuldigung!	'afwan	عفوا
Guten Tag/Guten Abend!	sabba l-chair/masa l-chair	صباح الخير/مساء الخير
Auf Wiedersehen!	ma'a s-salama	مع السلامه
Ich heiße …	ismi …	اسمي
Ich komme aus …	ana min …	انا من
… Deutschland.	… alamania	المانيا
… Österreich/Schweiz.	… al nimsa/swizera	النمسا/سويسرا
Ich verstehe Sie nicht.	ana la afhamuka [ki]	انا لا افهمك
Wie viel kostet es?	kam jukallif dhalika	كم يكلّف ذلك
Bitte, wo ist …?	'afwan aina …	عفوا اين

1	wahid	(واحد)١	5	chamsa	(خمسة)٥	9	tis'a	(تسعة)٩
2	itnan	(اثنان)٢	6	sitta	(ستّة)٦	10	'aschra	(عشرة)١٠
3	talata	(ثلاثة)٣	7	sab'a	(سبعة)٧	20	'ischrun	(عشرون)٢٠
4	arba'a	(اربعة)٤	8	tamanija	(ثمانية)٨	100	mia	(مئة)١٠٠

Ein Stück hiervon, bitte.   A piece of this, please. [ə pihs əw θis plihs]
Eine Einkaufstüte, bitte.   A bag, please. [ə bäg plihs]
Das gefällt mir (nicht).   I (don't) like it. [ai (dəunt) laik_it]
Wie viel kostet es?   How much is it? ['hau 'matsch is it]
Nehmen Sie Kreditkarten?   Do you take credit cards?
    [du_ju täik 'kräditkahds]

■ ÜBERNACHTEN

Ich habe bei Ihnen ein   I've reserved a room.
  Zimmer reserviert.   [aiw ri'söhwd_ə 'ruhm]
Haben Sie noch Zimmer frei?   Have you got any vacancies?
    [həw ju got_,äni 'wäikənsis]

ein Einzelzimmer   a single room [ə 'singl ruhm]
ein Doppelzimmer   a double room [ə 'dabl ruhm]
mit Dusche/Bad   with a shower/bath [wiθ ə 'schauə/'bahθ]
Was kostet das Zimmer?   How much is the room?
    ['hau 'matsch is θə ruhm]

Frühstück   breakfast ['bräkfəst]
Halbpension/Vollpension   half board ['hahf' bohd]/full board ['ful bohd]

■ PRAKTISCHE INFORMATIONEN

Können Sie mir einen   Can you recommend a doctor?
  Arzt empfehlen?   [kən ju ,räkə'mänd ə 'doktə]
Ich habe hier Schmerzen.   I've got pain here. [aiw got päin 'hiə]
Ich habe Durchfall.   I've got diarrhoea. [aiw got daiə'riə]
Kinderarzt   pediatrician [,pihdiə'trischn]
Zahnarzt   dentist ['däntist]
Eine Briefmarke, bitte.   One stamp, please. [wan stämp 'plihs]
Wo ist bitte …   Where's … , please? ['weəs … plihs]
  … die nächste Bank?   … the nearest bank … [θə 'niərist 'bänk]
  … der nächste Geldautomat?   … the nearest cashpoint …
    [θə 'niərist 'käschpoint]

■ ZAHLEN

1	one [wan]	11	eleven [i'läwn]
2	two [tuh]	12	twelve [twälw]
3	three [θrih]	20	twenty ['twänti]
4	four [foh]	50	fifty ['fifti]
5	five [faiw]	100	a (one) hundred [ə ('wan) 'handrəd]
6	six [siks]	200	two hundred ['tuh 'handrəd]
7	seven ['säwn]	500	five hundred ['faiw 'handrəd]
8	eight [äit]	1000	a (one) thousand [ə ('wan) 'θausənd]
9	nine [nain]	1/2	a half [ə 'hahf]
10	ten [tän]	1/4	a (one) quarter [ə ('wan) 'kwohtə]

Wüste bei Ain Khudra

> # UNTERWEGS AM ROTEN MEER

Die Seiteneinteilung für den Reiseatlas finden Sie auf
dem hinteren Umschlag dieses Reiseführers.

REISE
ATLAS

KARTENLEGENDE

Autobahnähnliche Schnell-straße mit Anschlussstelle Dual carriage-way with motorway characteristics with junction	Burg, Schloss Palace, castle
Fernstraße Highway	Moschee Mosque
Hauptstraße Main road	Kloster Monastery
Sonstige Straße Other Road	Ruinenstätte Ruins
Ungeteerte Straße, Piste Non-asphalted road	Leuchtturm Lighthouse
Straße in Bau / in Planung Road under construction / projected	Sehenswürdigkeit Point of interest
33 Straßennummern Road numbers	Höhle Cave
Eisenbahn mit Tunnel Railway with tunnel	Oase Oasis
Industriebahn Industrial railway	Besonders schöner Ausblick Important panoramic view
Schifffahrtslinie Shipping route	Hafen Harbour
Staatsgrenze mit Übergang National border with border crossing	Wrack Wreck
Nationalpark National park	Bergwerk Mine
Ausflüge & Touren Excursions & tours	Denkmal Monument
Internationaler Flughafen International airport	Strand Beach
Regionalflughafen Regional airport	Gebel Katherina ▲ 2642 m Bergspitze mit Höhenangabe Mountain summit with height

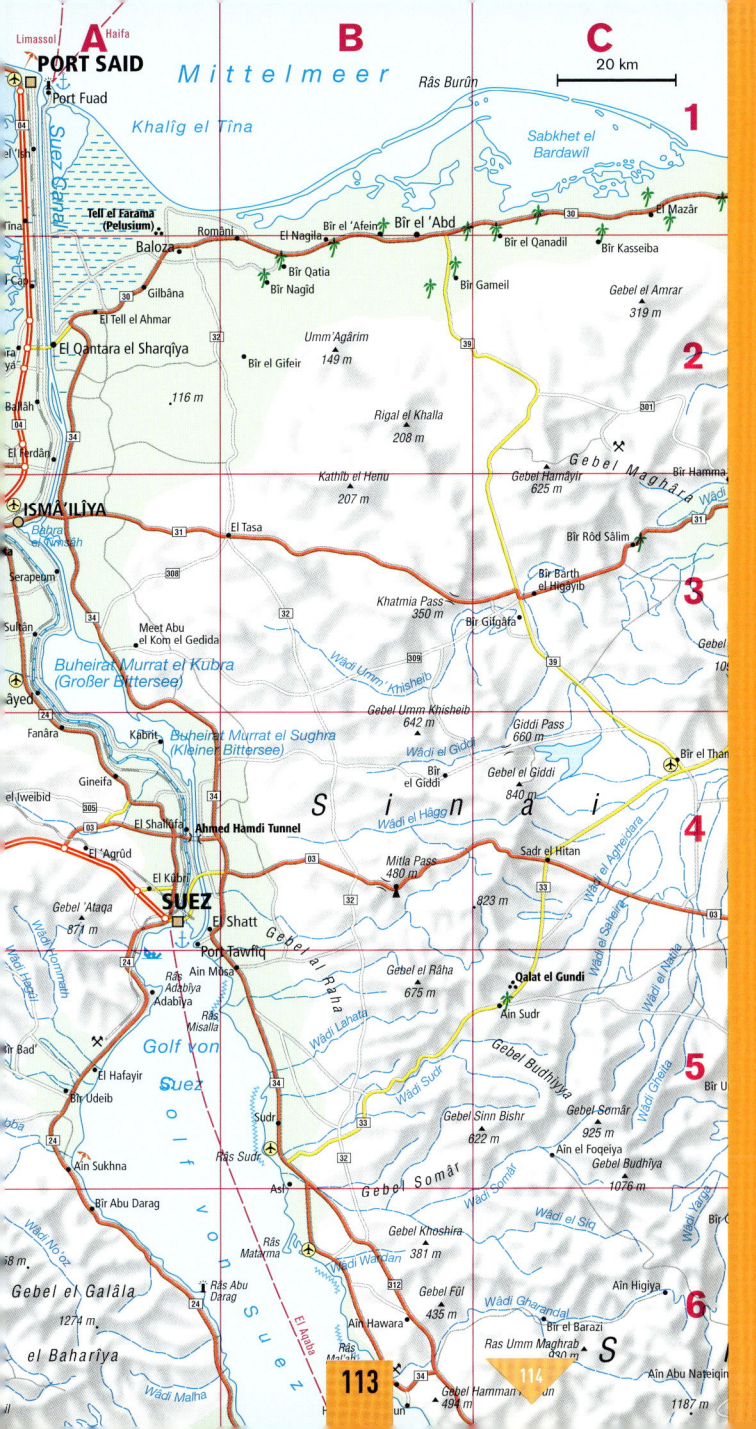

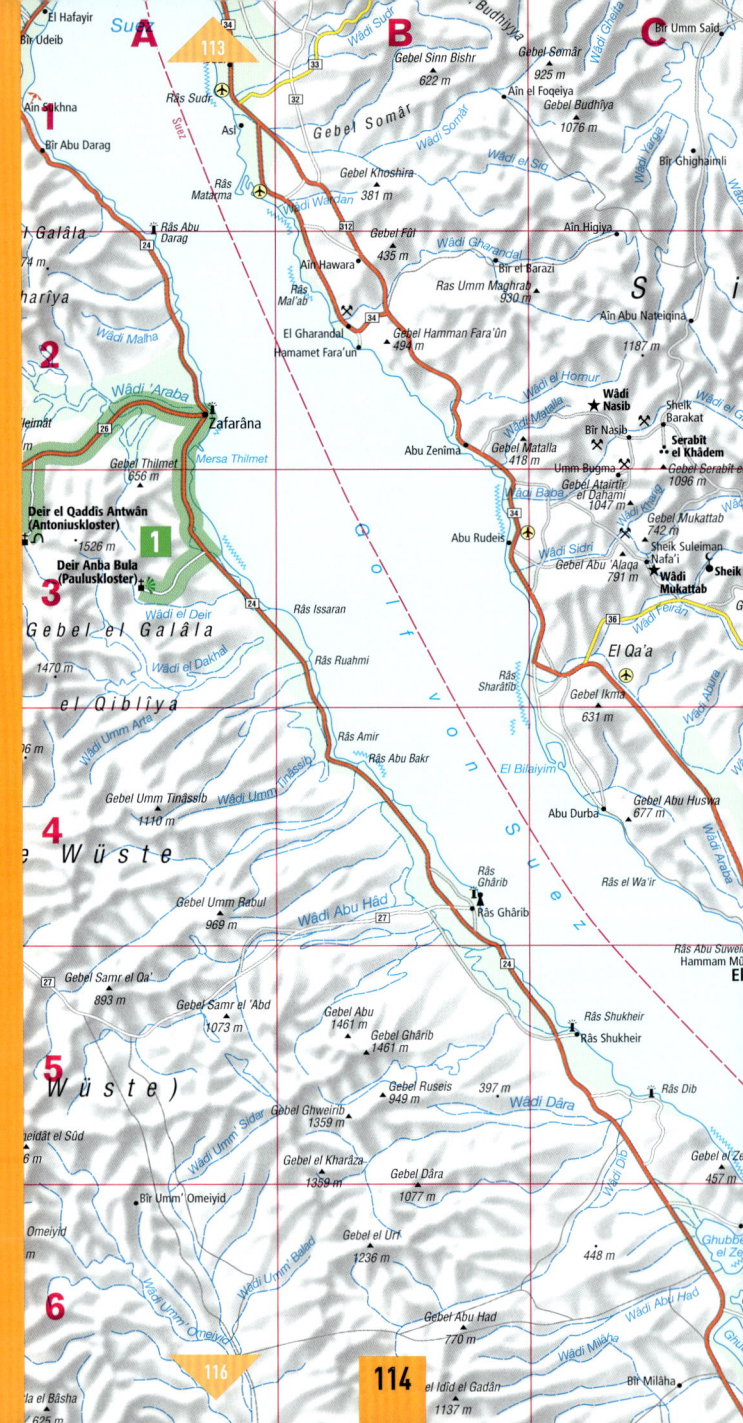

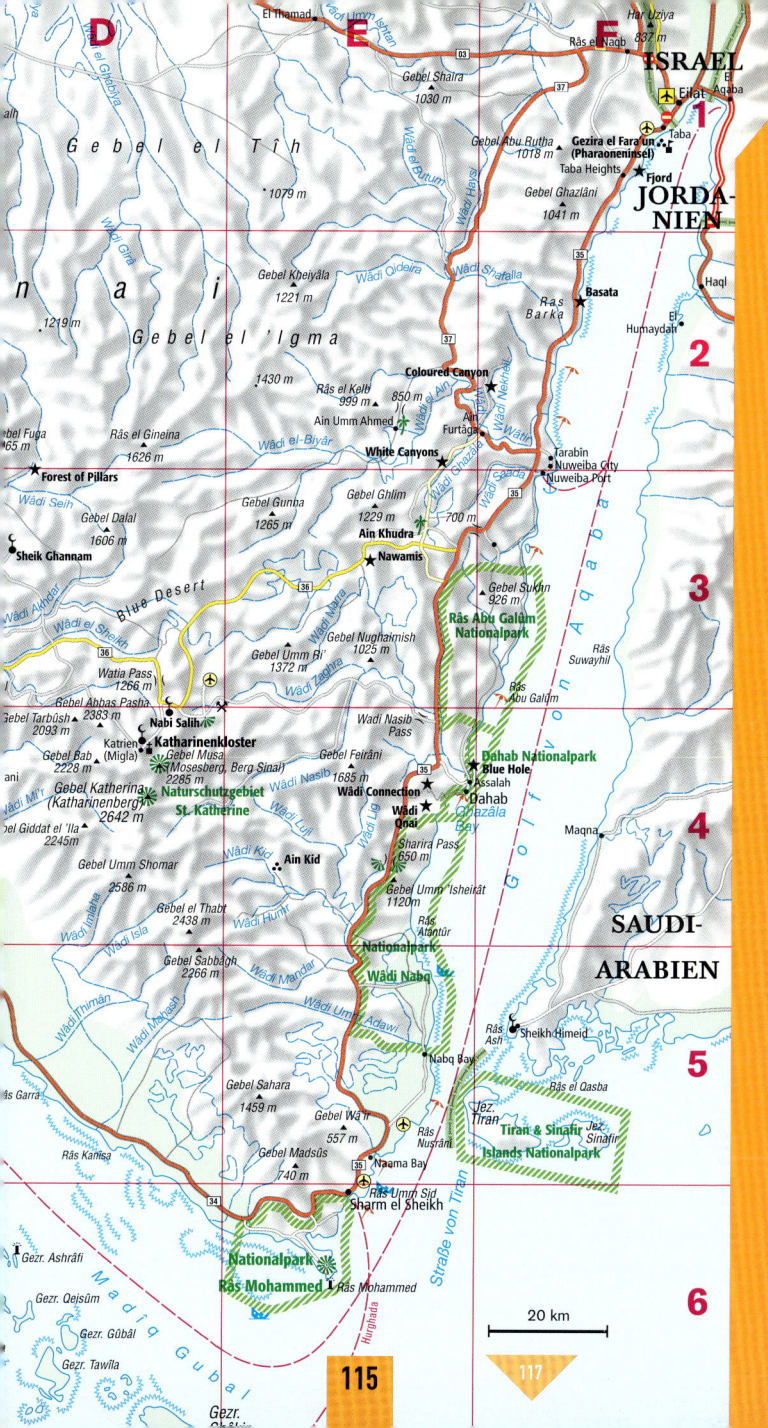

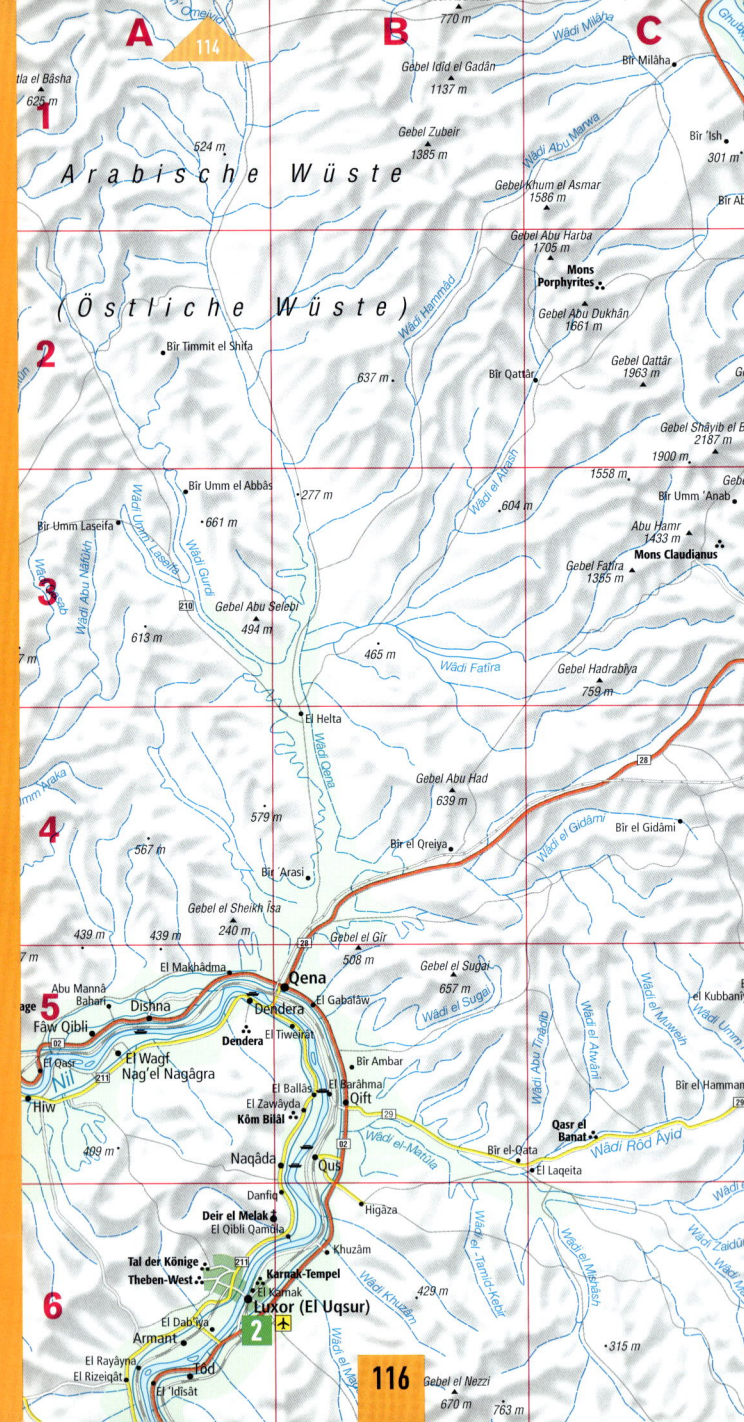

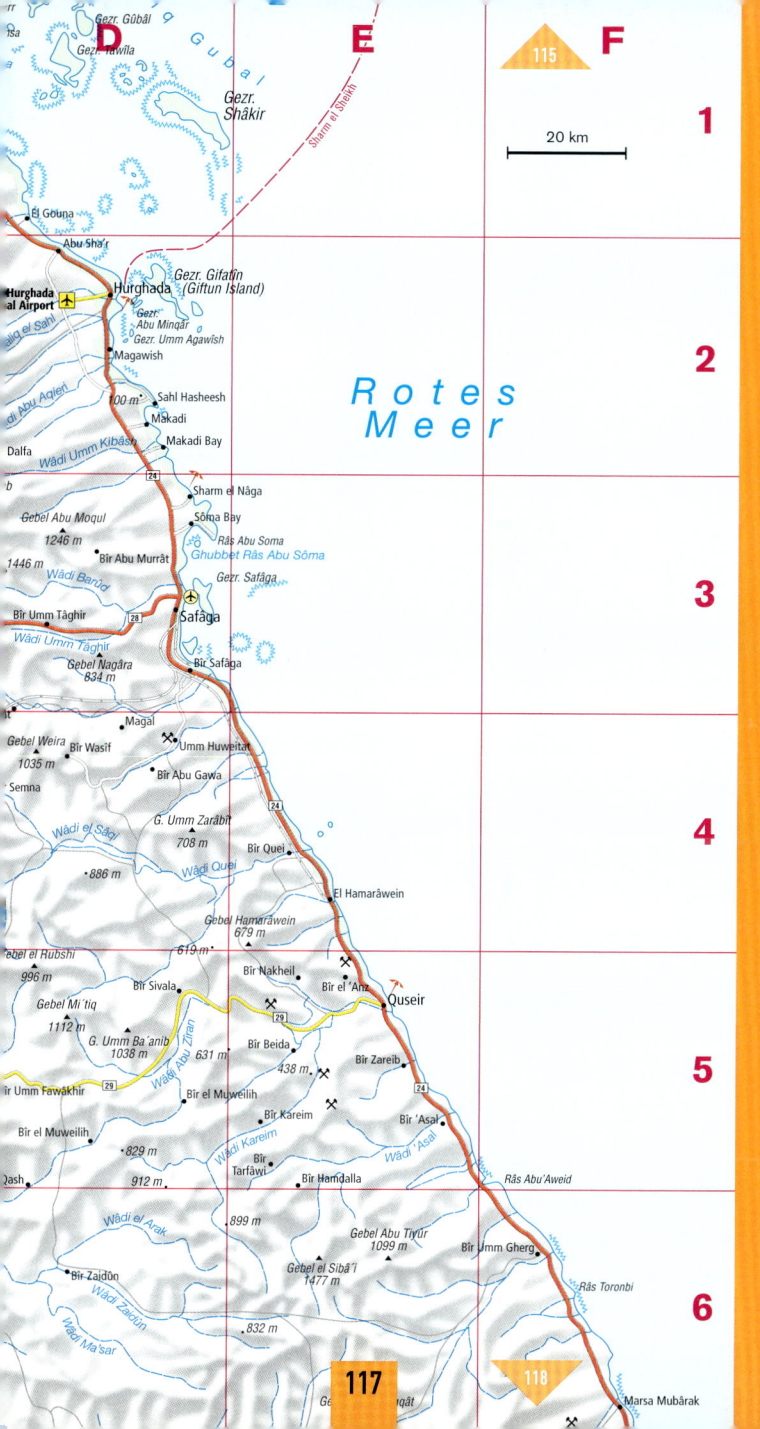

20 km

Iq Gubâl

Gezr. Gûbâl
Gezr. Tawîla
Isa

Gezr.
Shâkir

Sharm el Shaîkh

El Gouna

Abu Sha'r

Gezr. Gifatîn
(Giftun Island)

Hurghada

Hurghada al Airport

Gezr.
Abu Minqâr

Gezr. Umm Agawîsh

Magawîsh

R o t e s

M e e r

Sahl Hasheesh

100 m

Makadi

Makadi Bay

Dalfa

Wâdi Umm Kibâsh

24

Sharm el Nâga

Gebel Abu Moqul
1246 m

Sôma Bay

Râs Abu Soma

Ghubbet Râs Abu Sôma

1446 m

Bîr Abu Murrât

Wâdi Barûd

Gezr. Safâga

Bîr Umm Tâghir

28

Safâga

Wâdi Umm Tâghir

Gebel Nagâra
834 m

Bîr Safâga

Maġal

Gebel Weira
1035 m

Bîr Wasîf

Umm Huweitat

Bîr Abu Gawa

Semna

G. Umm Zarâbît
708 m

Wâdi el Sâdi

Bîr Quei

24

886 m

Wâdi Quei

El Hamarâwein

Gebel Hamarâwein
679 m

Gebel el Rubshi
996 m

619 m

Bîr Nakheil

Bîr Sivala

Bîr el 'Anz

Quseir

Gebel Mi'tiq
1112 m

29

G. Umm Ba'anib
1038 m

631 m

Bîr Beida

438 m

Bîr Zareib

îr Umm Fawâkhir

29

Bîr el Muweilih

24

Bîr 'Asal

Bîr el Muweilih

Bîr Kâreim

829 m

Wâdi Kareim

Bîr
Tarfâwi

Bîr Hamdalla

Wâdi 'Asal

Qash

912 m

Râs Abu 'Aweid

Wâdi el Arak

899 m

Gebel Abu Tiyûr
1099 m

Bîr Umm Gherg

Wâdi Zaidûn

Gebel el Sibâ'i
1477 m

Bîr Zaidûn

Râs Toronbi

832 m

Wâdi Ma'sar

Marsa Mubârak

20 km

Abu 'Aweid

Berg

Rás Toronbi

Marsa Mubârak

Bîr Umm
Huwetât

Bîr Abu
Dabbab

Marsa 'Alam International Airport
Port Ghalib

Wâdi Abu Dabbab

Wâdi Dubuf

787 m

Blondie Beach Resort
Marsa Shagra

R o t e s

M e e r

Gebel 'Igla el Iswid
973 m

Wâdi Umm Kharîga

Abu Dabab
Marsa Alam
Tondoba Bay
Awlad Baraka

Bîr Alâm

Hangaliya

Gebel Hangaliya
1240 m

Rás Dirra

Wâdi Ghadir

Gebel Nugrus
1505 m

Bîr Ghadir
Migwâl el Mafroga

25 m

Sharm el Loly
Gezr. Wâdi Gamal
Wadi el Gamal

Wâdi el Gamal

Wâdi Nugrus

Rás Baghdâdi

Bîr Abu Had

290 m

Rás Honkorâb

Wâdi Natash

Wâdi Gamal

Abu Ghusum

Gezr. Siyûl

Gebel Musîwîrab
1021 m

741 m

Wâdi Abu Ghusum

Gezr. Showarît

Anta-

872 m

Wâdi Hulâz

977 m

470 m

Hamata

Sha'

Sha'ab Ma

Wâdi Hamâmîd

Gebel Abu Hamâmîd
1745 m

Gebel Hamata
1977 m

Bîr Qulan

Wadi Lahami

Abu
amîd

Sheikh
Shazly

Gebel Katha
1018 m

Wâdi Lahami

Bîr Hileiyi

Wâdi el Kharit

1562 m

Wâdi Na'ait

Bîr Mueilih

Berenice

Gebel Zarqet Na'âm
823 m

Bîr Taw

820 m

Bîr Shut

Gebel Dahanib
1268 m

F o u l

B a y

Wâdi Khûda

Ras Abu Ghalum

REGISTER

Hier finden Sie alle in diesem Reiseführer erwähnten Orte und Ausflugsziele, wichtige Sachbegriffe und Personen. Halbfette Seitenzahlen verweisen auf den Haupteintrag, kursive auf ein Foto.

> *www.marcopolo.de/rotesmeer-sinai*

IMPRESSUM

SCHREIBEN SIE UNS!

Liebe Leserin, lieber Leser,

wir setzen alles daran, Ihnen möglichst aktuelle Informationen mit auf die Reise zu geben. Dennoch schleichen sich manchmal Fehler ein – trotz gründlicher Recherche unserer Autoren/innen. Sie haben sicherlich Verständnis, dass der Verlag dafür keine Haftung übernehmen kann.

Wir freuen uns aber, wenn Sie uns schreiben.

Senden Sie Ihre Post an die MARCO POLO Redaktion, MAIRDUMONT, Postfach 31 51, 73751 Ostfildern, info@marcopolo.de

IMPRESSUM

Titelbild: Kamel (alamy images: P. Prescott)
Fotos: alamy images: P. Prescott (1); ATELIER COLOR (15 o.); Badeya Horse Riding Club: Aly Atwan (92 o.l.) Basata Ecolodge (13 u.); ©fotolia.com: Juergen Muehlig (12 M.), spot-shot (14 o.); HB Verlag: Emmler (4 l., 29, 44, 50, 60, 63, 80, 91); HEPCA (15 u.); Huber: Schmid (73); ©iStockphoto.com: Dan Eckert (92 M.r.), Ivan Mateev (93 M.r.), Sean Randall (93 u.r.), Amanda Rohde (93 o.l.); KITEPOWER EL GOUNA: Bernhard Schinwald (92 u.); G. Knoll (3 r., 53, 69, 98, 105); Laif: Emmler (Klappe rechts, 4 r., 19, 27, 46, 81, 119), Heuer (22), Krause (2 r., 37, 66); Little Buddha: Gary Prat (93 M.l.); Look: Dirscherl (3 l., 21); Marketing Office El Gouna: Dorothee Picht (92 M.l.); H. Mielke (23, 72, 78, 82/83, 94/95, 98/99, 99); MP MEDIA GERMANY e.K. (12 u.); M. Seidel (12 o.); Spiritual Mindfulness: Maria Protopapa (14 u.); O. Stadler (2 l., 3 M., 5, 6/7, 8/9, 11, 16/17, 26, 28/29, 30/31, 34, 39, 42, 48/49, 51, 54, 56, 67, 110/111); T. Stankiewicz (Klappe links, Klappe Mitte, 22/23, 24/25, 28, 32, 41, 58/59, 64/65, 68, 71, 75, 77, 85, 86, 88/89, 96); J. Stryjak (123); www.clubbing-uk.com: Owen Daniel (13 o.)

2., aktualisierte Auflage 2009
© MAIRDUMONT GmbH & Co. KG, Ostfildern
Verlegerin: Stephanie Mair-Huydts; Chefredaktion: Michaela Lienemann, Marion Zorn
Autor: Jürgen Stryjak; Redaktion: Manfred Pötzscher
Programmbetreuung: Cornelia Bernhart, Jens Bey
Bildredaktion: Gabriele Forst
Szene/24h: wunder media, München; Kartografie Reiseatlas: © MAIRDUMONT, Ostfildern
Innengestaltung: Zum goldenen Hirschen, Hamburg; Titel/S. 1–3: Factor Product, München
Sprachführer: in Zusammenarbeit mit Ernst Klett Sprachen GmbH, Stuttgart, Redaktion PONS Wörterbücher

FÜR IHRE NÄCHSTE REISE

gibt es folgende MARCO POLO Titel:

Jürgen Stryjak lebt in Ägypten, arbeitet für deutsche Zeitschriften sowie für den ARD-Hörfunk und ist Mitglied im Weltreporter.net.

Sie leben seit 1993 in Kairo. Wie sind Sie überhaupt dorthin gekommen?

1990 hat mich ein Freund dazu überredet, mit ihm einen Urlaub am Roten Meer zu verbringen. Wir kamen nach Kairo, um von hier den Bus zum Sinai zu nehmen, aber nach anderthalb Tagen in der Stadt war ich so fasziniert von ihr im positiven wie negativen Sinn, dass ich gar nicht zum Sinai weiter wollte. Ich hatte das Gefühl, dass es hier so vieles zu begreifen und zu erfahren gibt, dass ich Kairo in den zwei Jahren danach noch weitere Male besuchte. 1993 zog ich dann für ein gutes Jahr das erste Mal ganz nach Kairo. 1999 haben wir uns dann, also meine Familie und ich, eine Wohnung in Kairo gesucht.

Was reizt Sie an Ägypten?

Das Wetter ... Ich liebe tropische Hochsommertemperaturen in Großstädten, wenn sie so lange andauern, dass sie die Mentalität der Menschen verändern, sie entspannter und irgendwie unkomplizierter machen. Ich mag die Herzlichkeit der Ägypter, ihre nachsichtige Art im Umgang miteinander, die natürlich manchmal auch nerven kann. Landschaftlich reizt mich besonders der Sinai, ein betörend schöner Landstrich. Hauptsächlich aber zieht mich nach wie vor Kairo in seinen Bann, dieses Zusammentreffen unterschiedlichster Einflüsse, Traditionen und Lebensentwürfe. Die Stadt ist ein Zerrspiegel der gesamten Welt. Jeder, der hier eine Weile wohnt, fragt sich, wie dieser Moloch mit seinen fast 20 Mio. Menschen überhaupt funktionieren kann – und dabei gleichzeitig doch ein so sanfter, harmloser, nahezu kleinstädtischer Mikrokosmos ist.

Was gefällt Ihnen besonders am Sinai?

Hier braucht man nur wenige Kilometer zu fahren, um ständig wechselnde Landschaften zu erleben, zum Beispiel traumhaft idyllische Strände und Buchten oder wundervolle Berglandschaften, vor allem in der Gegend um das Katharinenkloster herum.

Wo und wie leben Sie genau?

Unsere Wohnung in Kairo befindet sich im Stadtteil Dokki ziemlich in der Innenstadt. Überraschenderweise gibt es viele kleine Oasen in Kairo, in denen man völlig vergisst, dass man sich mitten in einer der größten Städte der Welt befindet. Wir haben kaum Verkehr vor dem Haus und einen Balkon, der von Bäumen umgeben ist. Grundsätzlich lebt man hier genauso wie in Deutschland auch. Wir kaufen ähnliche Produkte im Supermarkt, wir gucken deutsche Fernsehprogramme, und wir hören unsere Lieblingsradiosender aus Berlin.

> BLOSS NICHT!

Auch in Ägypten gibt es Dinge, die Sie besser nicht tun sollten

Naturschutz missachten

Vielen der Naturreservate sieht man ihren Reichtum nicht an. Selbst wenn sie karg wirken, beherbergen sie eine enorme Artenvielfalt in einem ausbalancierten Ökosystem. Beschädigen Sie keine Pflanzen. Füttern Sie keine Tiere, und hinterlassen Sie bitte Ihre Abfälle nicht in der Landschaft. Das gebrauchte Toilettenpapier können Sie verbrennen oder zum Entsorgen mit zurück ins Camp bzw. Hotel nehmen. Ihre Führer gehen nicht immer mit gutem Beispiel voran. Achten Sie darauf, dass Sie auf Quad- oder Motorradtouren die Landschaft nicht sinnlos umpflügen!

Sich in der Wildnis überschätzen

Unternehmen Sie Wanderungen und Touren nie allein ohne ortskundigen Führer. Entfernen Sie sich auch nicht von der Gruppe. Ein paar Meter reichen manchmal aus, um sich über den Rückweg nicht mehr sicher zu sein. Schnell sehen sich die Dünen und Felsen zum Verwechseln ähnlich, und Sie verirren sich immer weiter. Wenn Sie keine ausreichenden Trinkwasservorräte mit sich führen, kann das verheerende Folgen haben. Auch erfahrene Trekking- und Safarispezialisten machen sich nie ohne GPS-Navigationssystem, Kompass und gute Landkarten auf den Weg.

Schleppern auf den Leim gehen

Ein besonderes Marketing betreiben die Schlepper in den Einkaufsstraßen und auf den Promenaden. Sie wissen, dass Touristen oft neugierig den Kontakt zu Einheimischen suchen, sprechen sie an, sind unversehens eine Art nette Urlaubsbekanntschaft – und besitzen einen Onkel, der zufällig um die Ecke einen Parfüm- oder Papyrusshop betreibt. Wenn Sie keine Lust haben, dort am Ende mit völlig überteuerten Souvenirs herauszukommen, die Sie aus lauter Höflichkeit gekauft haben, dann weisen Sie die Schlepper gleich am Anfang freundlich ab!

Drogen andrehen lassen

In Orten wie Dahab und Nuweiba sind weiche Drogen wie Haschisch und Marihuana (auf arabisch Bango) durchaus populär. Auf ihren Besitz stehen empfindliche Strafen, die selten, aber regelmäßig auch an westlichen Ausländern verhängt werden. Ägyptern droht Gefängnis oder in schweren Fällen die Todesstrafe, Ausländer müssen mit hohen Geldbußen und diplomatischen Verwicklungen rechnen.

Artenschutz missachten

Der Verkauf von Korallen, ausgestopften Tieren, die geschützt sind, oder von Produkten aus Elfenbein ist streng verboten, dennoch bieten selbst renommierte Kunstgewerbeläden solche Artikel an. Mit ihrem Kauf unterstützen Sie Wilderer und könnten bei der Aus- und Einreise Probleme kriegen!